凯撒传

赵淑涛◎著

时代文艺出版社

图书在版编目（CIP）数据

凯撒传/赵淑涛著. —长春：时代文艺出版社，2015.12（2023.7重印）
（世界军事名人传记丛书）
ISBN 978-7-5387-4831-4

Ⅰ.①凯… Ⅱ.①赵… Ⅲ.①凯撒，G.J.（前100～前44）－传记 Ⅳ.①K835.467=2

中国版本图书馆CIP数据核字（2015）第210483号

出 品 人　陈　琛
责任编辑　孟宇婷
装帧设计　孙　利
排版制作　隋淑凤

本书著作权、版式和装帧设计受国际版权公约和中华人民共和国著作权法保护
本书所有文字、图片和示意图等专有使用权为时代文艺出版社所有
未事先获得时代文艺出版社许可
本书的任何部分不得以图表、电子、影印、缩拍、录音和其他任何手段
进行复制和转载，违者必究

凯撒传

赵淑涛　著

出版发行/时代文艺出版社
地址/长春市福祉大路5788号　龙腾国际大厦A座15层　邮编/130118
总编办/0431-81629751　发行部/0431-81629755
官方微博/weibo.com/tlapress　天猫旗舰店/sdwycbsgf.tmall.com
印刷/北京市一鑫印务有限公司
开本/710mm×1000mm　1/16　字数/156千字　印张/12
版次/2015年12月第1版　印次/2023年7月第3次印刷　定价/36.00元

图书如有印装错误　请寄回印厂调换

目录 Contents

序言　罗马不朽的传说 / 001

第一章　不甘屈服的少年
    1. 我的舞伴我做主 / 002
    2. 与挚爱结婚 / 006
    3. 危机来临 / 010
    4. 我是不会投降的 / 013
    5. 立战功了 / 017

第二章　初入政坛
    1. 竞选祭司 / 022
    2. 帮助斯巴达克斯 / 026
    3. 劝解克拉苏与庞培 / 029
    4. 元老院中的抗争 / 033
    5. 升任执政官 / 036

第三章　征战埃尔维提伊人
    1. 秘密协议 / 042
    2. 埃尔维提伊人的野心 / 046
    3. 应对的策略 / 049
    4. 粮食危机 / 053

5. 胜利了 / 056

第四章　赶走日耳曼人
1. 可怕的日耳曼人 / 062
2. 消除流言 / 065
3. 来自元老院的阴谋 / 069
4. 诡异的敌人 / 072
5. 那拉坎特的奇谋 / 075

第五章　平定高卢
1. 挥军西北 / 080
2. 首战告捷 / 083
3. 中埋伏了 / 086
4. 不战而胜 / 090

第六章　狼烟四起
1. 海军的奇技 / 096
2. 远征不列颠 / 099
3. 一个军团的悲歌 / 102
4. 万里复仇 / 106

第七章　克拉苏阵亡
1. 凯撒的援助 / 112
2. 没有硝烟的战争 / 115
3. 借刀杀人 / 118
4. 惨败 / 122
5. 暗潮汹涌的政局 / 126

第八章　快刀斩乱麻
1. 见招拆招 / 132
2. 要变天了 / 135
3. 战争，又见战争 / 138

4. 一山不容二虎 / 141

5. 庞培撤了 / 144

第九章　统一罗马

1. 凯撒万岁 / 150

2. 棋逢对手 / 153

3. 庞培被害了 / 156

4. 扫清余党 / 159

第十章　惊天的阴谋

1. 噩耗 / 164

2. 遗嘱 / 167

3. 平定叛乱 / 170

4. 终身独裁官 / 173

5. 死亡？新的开始！ / 176

附　录

凯撒生平 / 182

凯撒年表 / 184

序言

罗马不朽的传说

他是不败的战神，是罗马几千年来的神话。他有着注定载入史册的名字——凯撒。

他是古罗马共和国的领袖和军事统帅。他带兵打仗几十年，指挥过大大小小几十个战役，而且这其中大都是以少胜多，出奇制胜。他的战略思想和战术原则为西方许多著名军事统帅诸如拿破仑等所效法运用，可以说是对西方军事学术的发展做出了很大的贡献。他还曾参与著书立说，主要参与的有《高卢战记》《内战记》《亚历山大战记》《阿非利加战记》等。

凯撒出身于一个贵族世家。他从公元前78年开始政治生涯，刚开始被选为军事护民官，后来历任支官、市政官、大法官、罗马远征西班牙行省总督等职位。凯撒为了能够成功地竞选执政官，需要庞培和克拉苏这两位在当时最有影响力的人物的支持，于是，他决意与庞培和克拉苏建立友好关系。

在公元前60年，庞培、克拉苏、凯撒这三位在政治界有着巨大影响的人物达成了互相支持的秘密协议，历史上把它称为"前三头同盟"。为了进一步巩固这一同盟，凯撒不惜将自己年仅14年岁并且已经和别人有了婚约的女儿嫁给了已经年近50岁的庞培。在庞培和克拉苏的大力支持下，凯撒于公元前59年顺利当选为执政官。凯撒经过一系列的政治活动，获得了广大平民和骑士阶层的支持，成为与庞培、克拉苏齐名的影响巨大的人物。

最终于公元前45年，凯撒实现了他的军事独裁统治。他戎马一生，足智多谋，果断刚毅，特别是能在敌强我弱的情况下，以自己顽强的意志坚持开始的战略企图，从而扭转战局，这表现了他那不同凡响的高超的军事艺术才能，在罗马乃至世界的历史上留下了不朽的英名。

本书写了凯撒一生的经历，从中我们可以感受到他的顽强、坚韧、刚毅。这种精神将鼓舞每一位阅读他的人。

第一章 不甘屈服的少年

> 年轻的时候，日短年长；年老的时候，年短日长。
>
> ——凯撒

1. 我的舞伴我做主

随着太阳渐渐没入地平线，黑暗悄然湮没漂浮的光线，时间之神挥一挥手中的魔法棒，给天空换上了一身璀璨夺目的礼服。远远望去，像是有一位即将参加舞会的妙龄女子，轻移莲步，展现着身上闪闪发光的珍宝。

昏黄的灯光下，一位英俊帅气的少年紧紧地盯着正在为自己挑选礼服的母亲："母亲，您说的都是真的么？明天的广场舞会，姑丈和秦纳叔叔真的都会出现并且主持么？"

风韵犹存的贵妇笑着将手中一套白色的礼服拿过来在少年身上比划了一下："当然了，我亲爱的小公子！不仅如此，我还打听到，明天你秦纳叔叔的女儿也会出席舞会呢。"

"真……的吗？"少年一时兴奋，激动地喊了出来，不过抬头看到母亲似笑非笑的表情后，他不禁脸上一热，低下了头，声音也在不知不觉中降低了许多。

"当然是真的，不过，在明天的舞会开始之前，你是不是应该为自己挑选出一套最帅气的礼服呢？"看到一向固执、有主见的儿子，在自己的打趣下显现出了少年应当有的羞涩，贵妇笑着点点头：这样才像一个有朝气的年轻人么！不过她并没有打算就这样放过这个远比同龄人成熟的少年，于是继续打趣道。

"母亲……"被自己的母亲接二连三地打趣，饶是少年心智远超同龄人，也不禁感到一阵难为情，跺着脚，用带了一丝哀求的神情看向贵妇。

"好吧，能够看到我家小公子露出这样的神情也不容易了，就饶了你这次吧。去试试这套白色礼服，相信穿上这套白色礼服的小公子明天一定能够吸引不少美丽的舞伴！"贵妇笑着将手中的白色礼服递给了少年。

少年不敢再接话，赶紧拿着母亲递过来的礼服落荒而逃，回到了自己的房间，他分明听到身后传来一阵更加响亮的笑声。

当少年穿好母亲给自己挑选的礼服走出来后，即使是每天都见面的母亲也感觉眼前一亮：白色礼服刚好合身，将少年正在发育的身体紧紧地衬托了出来，而且少年穿上礼服之后，不仅英气逼人，他那独特的早熟气质也被明显地衬托了出来。

正当欣喜、赞叹的贵妇准备上前替孩子再整理整理礼服时，突然传来了一个不和谐的声音："凯撒，明天的舞会你一定要记得带上你的未婚妻——科苏提娅，并且她将是你在舞会上的唯一舞伴。"

听到这句话，少年原本还兴奋的神情一瞬间变得冷漠起来，他不服气地望向声音的来源："为什么？我已经13岁了，按照律法的规定，我可以按照自己的喜好去挑选舞伴！"

"不要争辩，除了按照我说的去做，你别无选择！"那个声音说完之后，就离开了。大厅里只留下一个非常担忧的贵妇人和一个气急败坏的少年。

没过一会儿，少年将头转向贵妇，虽然他的眼中仍有愤怒与不甘，但更多的已经是坚定与执著了。贵妇知道，自己这个很早之前就已经非常有主见的儿子恐怕又要让他的父亲失望了。

少年名叫盖乌斯·尤利乌斯·凯撒，他所说的，按照自己的喜好要挑选的舞伴是秦纳的女儿，名叫科尔涅利娅。他们是在凯撒的姑姑家中相遇的，那个时候，凯撒的姑丈是罗马城的执行官，而秦纳则是他最忠诚的亲信。

那天，当凯撒跟着母亲到了姑姑家中时，秦纳也正好带着科尔涅利娅去安迪姑丈家玩，两个小孩非常投缘，第一次见面之后就迅速地在一起玩闹了。也就是从那个时候起，科尔涅利娅的美丽身影就常常出现在凯撒的脑海中，凯撒期望着能够与科尔涅利娅再次相逢，这样他们就可以继续在一起嬉戏打闹了。

不过，后来凯撒姑丈的一名部下——苏拉由于觊觎罗马执行官的职位，于是在一天夜里带着一部分士兵攻陷了罗马城，凯撒的姑丈因此被流放了出去。从那个时候起，凯撒就再也没有见过科尔涅利娅了。

直到前几天，凯撒发现整条街道上的士兵骤然多了起来。问过母亲之后，凯撒才知道，原来当初苏拉占领罗马城后，科尔涅利娅的父亲秦纳假意投降苏拉，并在暗中悄悄将流放在外的凯撒姑丈接回来，然后又聚集起了一干亲信，不动声色地将罗马执行官的位置给抢了回来。

重新执掌罗马的凯撒姑丈非常兴奋，因此在对苏拉嫡系进行了一系列清算之后，他宣布，在马尔斯广场举行一次盛大的舞会。凯撒和母亲就是在挑选这场舞会上要穿的礼服。

至于凯撒的父亲所说的科苏提娅，她是一名富商的女儿。前些年，就是科苏提娅的父亲慷慨解囊，资助了当时穷困潦倒的凯撒一家。凯撒的父亲感激科苏提娅父亲的情谊，于是定下了这桩婚事。

虽然科苏提娅也十分美丽，但凯撒对这桩强行安排到自己身上的婚事十分抗拒。凯撒知道，如果自己真的遵照父亲的安排，完成了这桩婚事，那就再也没有从政的机会了，而这，是一直以姑丈为榜样的凯撒所无法接受的。

因此，凯撒暗暗下定决心："我的舞伴我要自己做主，我的命运一定要掌握在自己的手中。"

第二天天还没亮，人们就已经穿好节日的盛装，从四面八方赶向马尔斯广场。此时的马尔斯广场早已用鲜花与彩色丝带装饰一新，并在最中心的位置用猩红色的毡布搭起了一个凉棚，凉棚下安排了众多席位，这些席位都是为那些身份显著的贵族们准备的。

从广场入口到凉棚坐席之间也都铺上了一层红色毡毯，这是特意为凯撒姑丈和秦纳等人准备的。在红色毡毯的两旁，有一列身披红色战袍的士兵，在士兵的身后则站立着一列身着无袖礼服的侍女，她们的手中挎着盛满鲜花和金屑的篮子。再之后，则是有上百人的音乐长队。

凯撒带着科苏提娅挤在人群中，焦急地等待着科尔涅利娅的到来。在两名黑衣长老的高声赞颂中，凯撒姑丈和秦纳的队伍向广场缓缓走来，音乐队的众人早已奏响了欢迎的乐曲，毡毯两侧站立的士兵们单膝着地，用炽热的目光紧紧地盯着他们敬爱的领袖，而围观的众人也早已双膝着地，在行膜拜之礼。

凯撒姑丈与秦纳在广场的入口处，从抬床上走下来，然后踏上红色毡毯。两旁的侍女急忙将手中的花瓣与金屑撒向两人，迎着初升的朝阳，凯撒觉得姑丈身上仿佛披了一件金色的战衣，整个人更显得威风凛凛了！凯撒再看了一眼周围顶礼膜拜的人群，心中充满了羡慕与渴望，同时，他也更加坚定了不和科苏提娅成婚的念头。凯撒在心中暗暗对自己说：我一定要成为像姑丈这样光芒万丈的英雄！

在秦纳的身后，凯撒见到了自己思念许久的科尔涅利娅。尽管年龄尚幼，但是科尔涅利娅已经出落得婀娜多姿、仪态万千了。今天，科尔涅利娅也穿着一件雪白的无袖长袍，肩膀上披着一件同色的坎肩，整个人就如同翩然落地的天使。

凯撒丝毫没有掩饰自己目光的意思，他紧紧地盯着那个美丽迷人的身影。少女也似乎感觉到了什么，她抬起头朝这个方向望了过来，在茫茫人群中，她一眼就认出了那个有着火热眼神的倔强少年——他已经多次出现在自己的梦境中了。

凯撒能够感觉到少女目光中也有着同样的温柔，他的心中没有了一丝犹豫：今天，科尔涅利娅将就是自己的舞伴，唯一的舞伴！

2. 与挚爱结婚

那场舞会已经过去了很久，科苏提娅能够感觉到凯撒对自己的排斥，而且，那天舞会上凯撒的表现也让她明白，他喜欢的是科尔涅利娅，而不是自己。不过，两人的婚姻是双方父母早就约定好的，科苏提娅也无法改变什么。

随着时间流逝，凯撒的年龄也越来越接近16岁了。按照风俗，他不得不在自己16岁的时候完婚。然而，去年凯撒的父亲去世时，仍念念不忘地叮嘱凯撒一定要同科苏提娅完婚，这让凯撒十分痛苦。

眼看着距离婚期的日子越来越近，凯撒却依旧没有能够想出解决的办法，他再也无法保持冷静，每一天都拼命的去练剑，将一腔怒火都发泄在了剑靶之上。

这一天，又到了凯撒练剑的时间，但是外面却突然开始下起了瓢泼大雨。在很短的时间内，地面就已经有了积水，而且豌豆大小的雨点仍在不停地下落，街道上的行人早已湿透了衣衫，匆匆忙忙地向家赶去。

然而，凯撒却依旧拿起剑，不管不顾地迈入雨幕，走到后院，开始了练习。很快，一阵歇斯底里的喊杀声就从后院传了出来。凯撒的母亲站在窗户旁向外望去，她看到凯撒怒吼着挥动手中的剑向剑靶砍刺着，他的动作中已经没有了丝毫的章法，就如同一个从来都没有学习过剑法的少年一般。

凯撒的头发、衣服都已经被雨水打湿，紧紧地贴在了身上，很快，雨水顺着他的头发滴落，水滴划过凯撒的脸庞，在下颌处流了下去。凯撒已经看不清眼前的剑靶了，他只是本能地挥动着手中的剑，用力地向前劈砍着，仿佛这样就可以将心中所有的不甘挥洒出去似的。

渐渐地，凯撒的喊声越来越弱，挥剑的速度也越来越慢，终于，他停了下来。不是凯撒想到办法才终止的，而是他全身上下的力气都已经挥洒出去了，他的双腿甚至已经无法再支撑起身体的重量，"噗"的医生，凯撒倒在了雨地里。

凯撒母亲隔着窗户"啊"地惊叫医生，用手捂住了嘴，她非常地担心儿子，但是大雨中夹杂的毫无掩饰的哭泣声，止住了她外出的脚步。凯撒母亲知道，儿子需要一个发泄的时间，如果不能够帮助他寻找出解决方法的话，恐怕……

凯撒母亲在室内焦急地走来走去，希望能够想出一个完美的解决方法，但是这个问题，她已经不止思考过一次了，又怎么能够在一瞬间就想出既不会伤害到科苏提娅的家族，又能够让儿子成功解除婚约的办法呢？

最后，凯撒的母亲也实在无计可施了，她在心中默默地祈祷道："万能的朱庇特神啊，您就发发善心，帮帮我这个可怜的儿子吧！"突然，像是有一道闪电掠过凯撒母亲的心田"朱庇特的帮助？"她想起了一条规定，这条规定或许能够改变凯撒的命运。

想到这里，凯撒母亲急忙喊来几名奴隶出去将凯撒扶回来，看着脸色苍白、浑身湿透的儿子在众人的帮助下走进了屋子，凯撒母亲急忙上前扶住儿子，然后挥手让众人离去。

当众人都离开后，凯撒母亲凑到凯撒的耳旁悄悄说："孩子，不要担心了，我已经想到了解决的办法。"

"真的？"凯撒猛的一下子抬起头，紧张地盯着自己的母亲。

"当然！你想想，还有几天的时间，神殿就会派人挑选朱庇特神的祭司了……"凯撒母亲止住了话语，她知道凯撒一定能够明白自己的意思。

"祭司……祭司……母亲，你是说？"凯撒眼前一亮，他想到了母亲的打算。

"没错，孩子，只要你精心准备，能够当选为朱庇特神的祭司，那么你的一切难题就都能够妥善解决了。"凯撒母亲的话语更是给凯撒打了一针定心剂。

"是，母亲，孩儿一定不会让您失望的。"凯撒的眼中重新燃起了希望的火焰，他的母亲欣慰地看着儿子，她分明看到，自己那个曾经自信、骄傲的儿子又回来了。

重新燃起斗志的凯撒在心中略一思量就已经为自己实现这个目标制定了一系列需要努力的方向，不过，在同母亲进一步地交谈之前，他需要先回房间换洗一下，现在的自己实在是太邋遢了。

看着凯撒离去的背影，凯撒母亲的脸上露出了一丝满意的笑容，儿子已经重新站了起来，至于能不能把握住这次的机会，就要看他自己的努力了。瓢泼大雨不知何时已经停了下来，一条七色虹桥横跨天际，仿佛朱庇特神要亲自降临为自己挑选祭司似的。

凯撒清洗过之后，重新换了一身无袖长衫，然后坐在石凳上静静地思考着自己应当如何去成为朱庇特的祭司。凯撒知道，每一名年满16岁的贵族男子都将有成为朱庇特神祭司的机会，不过，如果能够在神殿来人之前，得到罗马执行官的支持，那么基本上这个名额就可以确定了。

这时，凯撒姑丈早已逝世，现任罗马的执行官正是科尔涅利娅的父亲——秦纳！虽然凯撒曾经见过几次秦纳，秦纳对凯撒的评价与态度都非常好，但是凯撒仍然不能确定，在这件事情上，自己究竟能不能得到秦纳的帮助。

最终，凯撒一甩头，似乎要将脑中所有的顾虑都甩出去似的，然后握紧了拳头，眼中越来越亮的光芒说明此时的他已经有了决定。凯撒确实已经想得非常清楚了，即便自己成功地当选为朱庇特的祭司，想要同科尔涅利娅结婚，也必须得到秦纳的同意。既然早晚都要争取秦纳的支持，那为什么不借助秦纳先解决目前这个最大的难题呢？

当凯撒来到秦纳家中后，他没有像往常一样去找科尔涅利娅，反而让奴隶通报求见秦纳。秦纳得知凯撒要见自己后也非常惊奇，凯撒和科尔涅利娅的感情他也知道，但是即使他身为罗马的执政官，也不能够用手中的权力去强迫科苏提娅的家族放弃这段婚姻。

当秦纳见到凯撒之后，他注意到，凯撒的精神劲头明显比前段时间好了许多。这个发现让秦纳颇为惊讶，他在心中暗暗思量着：莫非自己和女儿都中意的这个小伙子找到了解决这个难题的方法？

简单的问候之后，凯撒就直接明了的道出了自己的来意："秦纳叔叔，再过几天的时间，我就可以参加朱庇特神祭司的选拔了……"

凯撒一边说着，一边偷偷地观察着秦纳的神情，当看到秦纳露出一副恍然大悟的神情后，他知道这位英明的执行官已经明白了自己的来意，也就顺势止住了自己的话语。

"好，我知道了！"秦纳赞赏地看着凯撒，如果没有自己的支持，那么凯撒的这个主意只有极小的成功几率，但是有了自己的支持，这个主意就万无一失了。

在秦纳的亲自参与下，凯撒不仅顺利成为了朱庇特神的祭司，而且也因此得以解除了与科苏提娅的婚约。因为朱庇特神的祭司只能选择同样出身贵族的女子作为自己的妻子，而科苏提娅的家族却不是贵族。

自己一直以来都非常担忧的问题，竟然如此轻易的得到解决，凯撒一时之间竟然不敢相信，直到美丽的科尔涅利娅站在他的面前时，他才缓过神来，一个大步上前，将科尔涅利娅紧紧地抱在了怀里。

就在凯撒成为朱庇特神祭司的几天后，凯撒与科尔涅利娅在朱庇特神面前，按照着祭司的婚礼仪式举行了盛大的婚礼。

3. 危机来临

婚后凯撒与科尔涅利娅的生活简单而幸福。只是，成为了朱庇特神祭司的凯撒，每天已经不能够像曾经一样，整天陪伴在科尔涅利娅的身旁了，他开始有了许多的事情需要去处理。除了出席一些必要的仪式与庆典外，凯撒也开始将关注的目光放在整治之上，他不是给秦纳出些主意，虽然大多数的建议都比较稚嫩，但是他新奇的观点也每每让秦纳赞不绝口。

但是，政治的局面并不会一直都风平浪静，最近，秦纳得到消息，逃跑的苏拉已经重新集结起了一支队伍，就在近期将对罗马城发动攻击。得到消息后，秦纳就将自己的亲信召集在一起，商议对抗苏拉的策略，凯撒也参加了这次讨论。

与众人商议一番后，秦纳认为，苏拉现在已经没有了凶悍的士兵队伍，他聚集的那些所谓的士兵战斗力肯定不会很强，不足为虑。不过，清楚前因后果的凯撒觉得有些不妥，因为从所有得到的消息中，苏拉的表现一点都不像是虚张声势，反而像是对拿下罗马城有着极大的信心，那么，苏拉的信心来自哪里呢？

当讨论结束，众人离去后，凯撒悄悄向秦纳说出了自己的疑惑，秦纳一时也愣了：是啊，既然苏拉的队伍不堪一击，那么苏拉必胜的信心来自哪里呢？一时之间，两人都没有动，静静地思考着这个问题。

忽然，两人同时抬起头："内奸！"也只有这个可能才可以解释苏拉为什么会对他那支东拼西凑的杂牌军有着如此高的信心了。想通这一点之后，凯撒向秦纳施一礼就离开了，他知道，剩下的事情就已经不是他应该参与的了。

第二天，秦纳突然派人将凯撒请到了他的府上。当凯撒见到秦纳的时候，发现秦纳正皱着眉头一个人坐在房间里。

没等凯撒问缘由，秦纳向凯撒说道："在你的提醒下，我对现在所有有实力的家族都进行了监控和检查，结果发现布伦狄西乌姆的瓦季埃果真有问题。我想一会就出发，前去视察一下，希望能够赶在瓦季埃发现不对之前将他给控制住。"

"父亲大人，我觉得既然发现瓦季埃已经有问题了，那您就更不应该亲身涉险了。我建议您下个命令，请瓦季埃前来议事，如果他来了，就将他扣押下来，等将苏拉等人的叛乱平息之后再做处理；如果他不敢来，那就正好说明他肯定有问题，您直接命令士兵将他解决掉就是了。"凯撒不同意秦纳的决定，提出了自己的意见。

"瓦季埃家族在罗马城中也有着极大的影响，如果贸然动手肯定会让贵族们人人自危，如果苏拉再趁机攻城，我们就一点机会都没有了。就这样吧，我带着亲卫队前去，再说了，瓦季埃也不一定就有问题，或许是传言呢。"秦纳低着头思索了一会凯撒的建议后，说道。

见到秦纳已经做出了决定，凯撒也只好同意。又与秦纳谈了谈一些其他的事物之后，凯撒才告辞离开，他需要到神庙参加每日必行的仪式了。

然而，不知道为什么，凯撒总觉的自己心中很乱，始终无法平静下来，彷佛有什么不好的事情要发生似的。因此，当仪式结束之后，凯撒便走了出来，沿着蜿蜒的小路随意走着，希望能够静下心来。

看着周围绿色的景物，凯撒的心情明显好了许多，不经意间，凯撒发现自己竟然到了后山的一片小森林中，这里景色很美，同样的，平日里也很少会有人来。凯撒笑着摇摇头，不知不觉间自己竟然已经走了这么远了，心情好些了，也该回去了。

凯撒转过身，刚准备向前走时，忽然不小心踩到了一个小石头之上，脚下一滑，就要向地上摔去。还好这么多年以来，凯撒一直都坚持着练剑，无形中反应也快了许多，在即将倒向地面的时候，他伸出的左手抓住了身旁的树干，止住了倒向地面的趋势。

身体稳住之后，凯撒才感觉到自己抓住树干的部分似乎有些不对。他凑过去后才发现，原来在自己握住的那一块，有人将树皮刮去了，露出的部分正好与周围的树皮合成一个箭头的图形，而箭头所指的方向明显有人踩过不久的痕迹。

凯撒一时好奇心起，竟然有人在这么偏僻的地方玩游戏么？于是，他就顺着箭头所指的方向走了过去。在相隔几步远的另一颗树上，凯撒又找到了一个一样的记号，就这样，凯撒一直走到一颗标着向下箭头的树前才停了下来。

在树下，箭头所指的方向处，凯撒仔细地观察后发现，那里的土很明显是刚埋下不久的，只不过表面做了伪装。凯撒掏出随身携带的腰刀开始挖掘，很快，他就挖出一个羊皮卷，羊皮上只有一行小字："尊敬的苏拉大人，卑鄙的秦纳将会在今天得到应有的惩罚。"

在羊皮的角落里，还有几个小字："您最忠诚的仆人瓦季埃。"瓦季埃？凯撒大吃一惊，秦纳不是正要去找瓦季埃么？看来瓦季埃真的勾结了苏拉，而且已经布置了埋伏，就等着秦纳上钩呢。

抬头看一下天色，估计秦纳还没有到达布伦狄西乌姆，凯撒急忙离开后山，骑着马向着布伦狄西乌姆的方向赶过去。他希望，秦纳在路上能够走得慢一些，让自己能够及时告诉他这个消息，从而避免灾难的发生。

天色渐渐暗了下来，一袭白衫骑着白马的凯撒在路上非常明显，虽然白马已经奔跑如飞，迅疾似风了，但是心急如焚的凯撒仍然不停地挥动着马鞭，催赶着马儿前行。随着时间一点一点地逝去，凯撒与布伦狄西乌姆之间的距离也越来越近，但是凯撒的一颗心，也越来越沉。

突然，凯撒发现，前面的道路上似乎躺着一个人，他急忙让马慢慢停了下来。当凯撒从马儿身上跳下来，站在这人身旁时，他发现这个趴着的人穿着秦纳亲卫士兵的衣服，已经死了。

凯撒来不及管这名已经死亡的士兵，他急忙上马向前赶去。随着马儿的前行，血腥味越来越重，凯撒发现的尸体也越来越多，好在凯撒还没有发现秦纳的尸体。他的心中还充满了希望：或许秦纳在亲卫的拼命护卫下，已经成功逃离了！

然而，正当凯撒转身上马时，他的眼角忽然发现，在小溪旁边躺着一个自己熟悉的尸体，那一身紫色的战袍正是秦纳所独有的。凯撒呆住了，拉着白马的手也放松了，他慢慢地转过身，向着尸体走过去。

在秦纳的身旁还躺着许多穿着其他衣服的尸体，看样子都是被秦纳杀死的敌人，秦纳的身上还插着一杆轻矛。凯撒痛苦地跪在秦纳身前，伸出手，将秦纳愤怒圆睁的双手闭上。身旁，汩汩而流的小溪依旧毫未停歇地向前奔流，凯撒知道，自己刚刚开始的政治生涯，就要被终结了，罗马危险了！

4. 我是不会投降的

当秦纳的死讯传出去之后，罗马城在短暂的沉寂之后，就迅速地进入了四处都是战火的状态，而新一任的执政官根本没有相应的能力，无法掌控整个局面。这时，苏拉趁机攻克了罗马城，然后在众多贵族的支持下，坐上了执行官的位置。

苏拉上任之后，立即对曾经支持秦纳的那些贵族们展开了疯狂的报复，一个又一个的贵族在这次报复中失去了尊贵的地位，甚至有些家族直接被屠杀殆尽。一时间，罗马城的贵族们人人自危，害怕有一天屠刀会降临到自己的身上。

凯撒在发现秦纳尸体的那一刻就已经猜到了这样的结局，因此，当他们参加完秦纳的丧礼之后，凯撒就将自己隐藏了起来，每一天都规规矩矩地进行着一名祭司应当履行的职务。不过，苏拉早已对秦纳身旁的亲信有了详细的了解，因此，他并没有因为凯撒的规矩而放过凯撒。

在苏拉的亲自吩咐下，凯撒被免除了所有的职务，同时，还向众人发出了对凯撒的抓捕令。凯撒的母亲提前得知了这个消息，于是急忙通知了凯撒。

于是，凯撒开始了东躲西藏的生活。他想起了自己曾经到过的撒比尼人居住的小区。那里居住的大多数人都是贫穷的撒比尼人，周围的环境也非常差，脏水、垃圾、粪便随处都是，凯撒悄悄地隐藏到了一个不起眼的小院子中，对外声称得了热病。

凯撒的母亲得知凯撒找到这样一个地方之后，在赞叹儿子的同时，也将一名忠心的奴隶给凯撒派了过去，去照顾凯撒的生活起居。周围的众人知道凯撒得了热病，害怕传染到自己的身上，一时间，倒也没人打扰。

然而，这种生活并没有持续下去。这天，当照顾凯撒的那名奴隶正像其他撒比尼人一般坐在门口发呆时，忽然一对飞扬跋扈的骑士们骑着马就冲了过来。他们丝毫都没有顾及周围人的安全，甚至如果有人躲避不及时，还会被他们挥舞着马鞭狠狠地抽打。

照顾凯撒的奴隶刚准备跑进屋内，关上门时，骑兵就已经冲到了跟前，一名骑兵将奴隶狠狠地推到在地，然后带领着众人闯了进去。奴隶急忙爬了起来，跑到领头的骑兵面前，低头哈腰地说道："大人，您还是不要看了吧，他有热病。"

骑兵头领没有理会那名奴隶，他身旁的一名骑兵伸手又将奴隶给推到了一旁，并且狠狠地瞪了他一眼，吓得奴隶不敢再动了。

骑兵头领对着床上躺着的凯撒冷笑道："尊敬的凯撒祭司，您不是朱庇特神最忠诚的仆人么？像您这样有着高贵身份的贵族，怎么可以住在这样破旧脏乱的小房间内呢？跟我们走一趟吧？"

奴隶听到骑兵头领喊出了凯撒的身份，知道这些人是特意为了凯撒而来的，自己是无法制止的，又发现众人已经将注意力都放在了凯撒的身上，就悄悄地溜了出去给凯撒母亲报信去了。

凯撒坐起身，冷冷地盯着眼前这些士兵们："没想到，你们的鼻子竟然不是摆设，哼！"骑兵头领大怒，紧紧地攥着手中的马鞭，却没有挥出去，他曾听说过，苏拉对这位年轻人可是非常重视，如果在自己手中发生了什么事，那么估计自己也要失去性命了。

于是，骑兵头领深呼一口气，然后用马鞭指着凯撒，张口对众人说："带他走，去见执行官大人！"众人答应一声，就要上前去拉凯撒。

凯撒大喝一声："慢！"看到众人上前的脚步停下来之后，他又接着说，"我自己会走！"然后跟着众多骑兵离开了这个躲藏的小屋。

原本凯撒还以为，苏拉会将自己投入到监狱中，好好的折磨一番。没想到，当苏拉得到凯撒被抓住的消息后，直接让骑兵们将凯撒送到了他的行营中。

苏拉的行营其实就是原先秦纳的府邸，不过苏拉由于一直都与士兵待在一起，所以，占领罗马城后，他就将秦纳的府邸改成了行营。

当凯撒进入苏拉的行营后，他抬头看了一眼周围的环境，这时，天已经黑了下来，周围已经点起了许多火把，而火把的旁边都各自站着一名剽悍的壮汉。虽然众多火把将行营中的每个角落都照亮了，但是凯撒仍然感觉整个行营中阴森森的。

凯撒知道，自从苏拉当上执行官之后，自己姑丈与秦纳这一系的人都进行了清洗，而且有许多人就是在这个行营中受尽了折磨之后，才被杀害的。但是凯撒并没有因此而表现出任何的胆怯，他挺起胸膛，紧紧地盯着面前座位上的苏拉。

苏拉被凯撒盯得极不舒服，在凯撒的目光中，苏拉没有看到自己所期望的恐惧与屈服，他看到的是凯撒毫不掩饰的野心与欲望！这一瞬间，苏拉都有些恍惚了，自己已经许久没有看到过这样充满挑战的目光了。苏拉甚至想到了自己年轻时候的岁月，想起了那些慷慨激昂的峥嵘时光。

短暂的恍惚之后，苏拉看向凯撒的目光更加复杂了，他羡慕尤里乌斯家族竟然有如此好运，培养出了凯撒这样的优秀青年。虽然曾经在决定攻打罗马城时，苏拉就仔细地调查过凯撒的资料，但是当现在真正的见到凯撒后，他感觉到，虽然自己已经给了凯撒很高的评价，但是很明显，凯撒的优秀程度仍然超过了自己的预期，苏拉不禁有了招揽的心思。

苏拉对凯撒的要求非常低，只要凯撒答应与科尔涅利娅分开，宣布与秦纳没有关系就可以了。这个条件让支持苏拉的众人都迷惑不已，他们都曾极力反对，但是苏拉没有任何犹豫，仍然坚定地提出了这个条件。

虽然苏拉已经做出了最大的让步，但是凯撒仍然选择了拒绝。凯撒明白，自己与苏拉其实是一类人，即使自己现在选择了妥协，苏拉也不会允许自己成长到威胁他的地步；更何况，自己根本就不会同科尔涅利娅离婚！

望着毫无妥协之意的凯撒，苏拉叹口气，就准备下达处死凯撒的命令，突然一个士兵跑进来报告说维司塔的贞女们前来拜访。

苏拉不禁看了一眼凯撒，他知道这些与自己从来都毫无瓜葛的贞女们在此时拜访，肯定是为了凯撒而来！但是贞女在全罗马都有着至高无上的地位，她们可以赦免犯下任何罪行的人，而且没有人敢忽视贞女们的意见。

凯撒的脸上露出了一丝不易察觉的微笑，他知道，一定是那名奴隶给母亲汇报了这里的消息，然后母亲前去求贞女们来为自己求情的，而贞女们出面，自己这次肯定已经能够安全地离开这里了。

之后的事情都如同凯撒预想中的一样，迫于贞女们的压力，苏拉不得不放了凯撒，但是凯撒从苏拉最后盯着自己的目光知道，这件事情，并不会就此终结！

5. 立战功了

离开苏拉的行营之后，凯撒并没有在家过多的停留，苏拉最后的目光让凯撒心中充满了不安，他知道，对苏拉而言，不是朋友就只能是敌人，对待敌人，苏拉从来都不会心思手软的。因此，在与家人短暂的团聚之后，凯撒就离开了罗马城，去了小亚细亚从军。

凯撒之所以选择小亚细亚，是因为这里有父亲的一位好友——提尔穆斯。当凯撒见到提尔穆斯之后，他果真得到了热烈的欢迎。得知他的来意后，提尔穆斯没有丝毫犹豫，直接任命凯撒为自己的外联官。

虽然年少勇猛的凯撒希望能够在战场上斩将立功，但是他也没有拒绝提尔穆斯的好意。凯撒明白，提尔穆斯是为了自己的安全，同时担任外联官的都是统帅最亲近的人，这个职位不仅不需要时时面对生命危险，而且只要表现的好，就会非常容易得到升迁的机会。

随着提尔穆斯与米特里达特斯之间交战的开始，凯撒的事情也开始多了起来，他不断地外出，前往那些同盟的国家，催促众人火速遣兵支援。由于凯撒言谈得当，着装得体，使得接待他的众人都心生好感，大家都非常爽快地答应了凯撒的请求。

这天，当凯撒正带领着士兵做日常巡游的工作时，忽然远处传来一阵急促的马蹄声，凯撒与众人急忙向声音传来的方向望去，随着声音越来越大，大家也发现了一匹奋蹄狂奔的马正向这里冲了过来。凯撒急忙示意士兵拉起绊马索，拦住这匹马。

马越来越近，大家这才发现，马背上还趴着一个穿着罗马军服的人。或许是马已经跑累了，当它发现了眼前的绊马索之后，就慢慢的停了下来。马儿停下来之后，凯撒的队伍中立即走出两名士兵上前查看，忽然士兵惊呼一声："西塞罗！"

"什么？"凯撒急忙上前，只见西塞罗脸色苍白，肩膀上一个伤口只经过简单的包扎，或许是经过颠簸的缘故，又开始渗出血来。凯撒知道，西塞罗一直都待在提尔穆斯的身旁，从来都不会离开，现在他到了这里，那么是不是提尔穆斯出了什么事呢？

焦急的凯撒向士兵命令道："以最快的速度将西塞罗救醒！"当西塞罗醒来看到凯撒后，就说了一句："快去救……"然后又晕了过去。听完西塞罗这句让人完全摸不着头脑的话语，凯撒隐隐约约已经猜到了事情的真相，他看了看昏迷不醒的西塞罗，命令留下两名士兵照顾他，然后带着其他人迅速上马，向着战场的方向赶去。

经过一番急行军之后，凯撒带领着众人在接近战场的一个小山坡前停了下来，这里距离米提列涅城已经非常近了。凯撒示意大家在原地等候之后，就带着几名士兵悄悄地上了小山坡。

在小山坡上，凯撒发现，提尔穆斯的军队正在同米提列涅的军队，而且很明显，罗马的军队已经陷入了一个极为危险的境界：他们都已经被包围了，而且这个包围圈正在不断缩小，几乎每一刻都有罗马士兵倒下。

凯撒身旁的几个士兵眼睛都红了，他们立即就请求冲锋，但是凯撒拦住了他们。凯撒深知，凭借自己带的这一百多人，对整个战争局势根本不起作用，只会是再牺牲几条士兵罢了。他紧紧地盯着眼前的战局，脑中飞速地思索着可行的方案。

这时，凯撒注意到士兵们来回奔跑总会带起地上的尘土，一道灵光在他的脑中闪现出来。有了主意之后，凯撒带着几个明显不情愿的士兵回到了山坡脚下，找到了一同到来的士兵们。凯撒喊来几名士兵，对他们悄言几句之后，就让几名面带疑惑的士兵带着马离开了，然后凯撒要求剩下的士兵都骑马登上小土坡，做好冲锋的准备。

听到就要下去支援自己的战友，士兵们都非常的激动，他们迅速地冲上山坡，做好了冲锋的准备，然而却始终没有等到凯撒的冲锋命令。就在众人忍不住想要张口问凯撒时，突然发现，在小亚细亚通往米提列涅城的道路上起了大片的尘土，就如同有千军万马正在奔跑似的。

"冲锋！"看到那些尘土，凯撒就知道，自己的计策成功了，下达冲锋的命令后，凯撒一边骑马冲杀，一边不停地喊着："罗马的援兵来了，杀啊，抓住米特里达特斯啊！"听到凯撒的喊声之后，凯撒身旁的士兵们也醒悟了过来，他们也跟着凯撒一起，冲杀着、喊叫着。

前方包围着罗马士兵的米特里达特斯的士兵们虽然从表面看上去掌控着有利形势，但是这场战争已经持续了太长时间，双方士兵的体力都已经消耗得差不多了。原本米特里达特斯的士兵们还充满了灭掉罗马士兵的希望，但是当他们看到凯撒带领的罗马士兵冲过来后，尤其是看到道路上尘土飞扬的景象后，已经没有人再相信他们可以消灭罗马士兵了。

不仅如此，许多士兵甚至开始转身向回跑，米特里达特斯的军队在瞬间就乱了阵脚，无论米特里达特斯如何呼喊，都无法止住众人溃败的脚步。眼看着罗马士兵距离自己越来越近，米特里达特斯也只好调转马头，向城中跑去。

凯撒左手挥舞着战刀，右手举着一只轻矛，众多士兵跟在他的身后，如同一支离弦的弓箭，狠狠地撕开了米特里达特斯指挥下士兵们布成的防线，然后在敌军中疯狂地厮杀着。在失魂落魄逃跑的敌军中，凯撒一眼就看到了作为统帅的米特里达特斯，但是由于相隔较远，又来不及追赶，凯撒只好将自己手中的轻矛远远地投射过去。

然而，逃跑中的米特里达特斯彷佛感觉到了什么，他的身子一侧，轻矛擦着他的身体射中了旁边的指挥旗杆，指挥旗瞬间倒下被逃跑的众人踩在了脚下。米特里达特斯更加慌乱了，他急急忙忙地催打着马向前跑去。

凯撒举起手中的大刀，率领众人在后展开了追击。在一追一逃之间，很快就到了米提列涅城之下，米特里达特斯冲进城门之后，就急忙下令关闭城门，然后此时凯撒也已经率军冲了进来。

这时，米特里达特斯的士兵都已经被凯撒吓到了，他们都见过这个看上去似乎非常秀气的将领杀人时的恐怖，没有人愿意去面对这样的敌人，于是，米特里达特斯又在众人的拥挤下被带出了城，将米提列涅城的管理权让给了凯撒。

这一战，凯撒不仅带领着众人消灭了众多的米特里达特斯士兵，占领了米提列涅城，还深深地打击了米特里达特斯士兵的士气，无奈的米特里达特斯只好对罗马妥协，同提尔穆斯签订了停战协议。

提尔穆斯将这个好消息迅速传回了罗马城，同时也将凯撒的表现详详细细地叙述了一番，提出了授予凯撒金像冠的请求。不久之后，提尔穆斯就得到了答复，执政官对提尔穆斯能够取得如此优异的战绩表示了赞美，同时也同意了将金像冠奖授予凯撒的请求。

第二章 初入政坛

> 人出于本性，往往更加相信和畏惧没有见过、隐秘陌生的东西。
>
> ——凯撒

1. 竞选祭司

小亚细亚的战争暂时告一段落了，凯撒以及众士兵都得到了一些假期，在西塞罗的建议下，凯撒决定趁着这些时间前往罗得斯寻找摩隆学习自己的辩论之术。就在凯撒即将动身的时候，他收到了一封信，这封信改变了凯撒的决定。

凯撒收到的这封信是母亲写的，信的内容也非常简单："苏拉已死，罗马可归！"看到这封信的内容后，激动不已的凯撒立刻就去找提尔穆斯，同提尔穆斯简单的交接后，归心似箭的凯撒踏上了回家的路途。

凯撒回到罗马城后，在家陪伴了母亲与妻子一些时日，然后又将关注点放在了罗马城中的政治局面上。观察一段时间后，凯撒发现，现任的这名执行官目光短浅，根本就不是可以成就大事的人，因此他也没有了帮助执政官一派的想法。

在同母亲和妻子商议之后，凯撒决定在罗马城中替民众处理一些诉讼的案件，这样既能够提高自己的辩论能力，又能够获得民众的支持，为自己以后的道路提供一些帮助。凯撒的母亲非常赞同儿子的想法，同时她也给凯撒提出了许多有用的建议。至于科尔涅利娅，她从来都对凯撒的任何决定报以绝对的信任与支持，这一次也不例外。

经过一段时间的努力之后，凯撒在罗马城中也有了极大的声望,他严谨的思维,犀利的言辞,即使面对权贵也不卑不亢的态度都让平民们以及保民党一派的官员为之而钦佩。不过,在辩论中,凯撒也逐渐发现了自己的不足,那就是,虽然自己反应敏捷,能够应对如流,但是自己没有经过系统的培训,因此,当自己面对著名的辩论家时,就显得尤为吃力了。

有鉴于此,同时,凯撒也认识到,虽然这段时间的诉讼让自己成功地获得了平民们的支持,但是在无形中,自己也已经树立了许多的敌人。而且,年轻的凯撒这段时间锋芒外露太多,这些都不利于他未来的发展。

因此,凯撒又想起了西塞罗的建议,去系统地学习辩论之术。于是,凯撒同母亲和妻子道过别后,就带了几名奴隶再次离开了罗马城。

到达罗得斯找到西塞罗的老师摩隆之后,凯撒就暂时住在了那里,在摩隆的指导下进行辩论之术的学习。摩隆看过西塞罗的信后,又对凯撒进行了一些测试,然后才依据着凯撒的情况制定出了一份学习计划。摩隆将自己这些年总结出来的经验与技巧给凯撒讲解一番后,就带着凯撒去参加诉讼案件。

起初,摩隆还对凯撒的表现进行一番点评,指出凯撒的不足,然后让凯撒有针对性地练习,渐渐地,随着凯撒的表现越来越好,摩隆也无法再进行点评了。这个时候,摩隆觉得,如果有人前来请自己帮忙诉讼的话,凯撒已经完全可以代替自己了。

凯撒又在罗得斯待了一段时间,代替摩隆处理了一些诉讼案件之后,摩隆对凯撒说,凯撒已经可以出师了,他已经有了独自处理诉讼案件的能力了。听到摩隆的话后,凯撒想了想,对摩隆表达了自己的谢意,就带着自己的那几名奴隶离开了摩隆的家。

在与母亲的通信中,凯撒也认识到,现在不是回罗马的好时机。凯撒向提尔穆斯提出,希望可以让自己也拥有官职,统领士兵。提尔穆斯明白了凯撒的想法之后，就任命凯撒为千夫长，同时掌管罗得斯的驻军。

凯撒接到任命之后，立即以训练的名义将1000名士兵带出城，到了一个偏僻的小岛上训练去了。凯撒对士兵们的要求非常严格，他要求士兵们既能充当投石兵的职责，又能够像轻装步兵一样去战斗，如果有马匹时，还能够发挥出骑兵的威力！

为了培养出这1000名士兵，凯撒也抛弃掉自己贵族的矜持与高傲，同大家一起吃苦，一起训练。这样过了一段时间，凯撒觉得大家的训练可以告一段落了，于是他派出士兵四处查探周围的活跃的海盗势力。

得到海盗们的详细资料后，凯撒就带领着自己的这些士兵前去围剿。虽然经过这么长时间的训练，凯撒对自己的率领的这些士兵充满了信心，但是他从来都不会与海盗进行正面对决。每一次的围剿之前，凯撒都会针对海盗的情况制订一个详细的计划，因此，经过一系列的战斗之后，凯撒带领的这些士兵虽然偶尔会负伤，但是从来都没有出现过死亡的事例。

就在凯撒带领着士兵对周围的海盗们进行围剿时，他又收到了母亲的一封信。在信中，母亲告诉凯撒，她在罗马城中已经为凯撒准备得差不多了，凯撒随时都可以返回罗马。只不过凯撒不希望自己就这样悄悄地回去，他希望能够带领着亲自训练出来的这1000名士兵立下战功之后再回去。

战争在凯撒的期盼中突然打响了。米特里达特斯不顾停战协议袭击了小亚细亚，事发突然，罗马士兵还没反应过来，就被屠杀殆尽，就连提尔穆斯也在这场袭击中失去了生命。得到消息后，凯撒率领着自己的千人队伍赶到小亚细亚，同米特里达特斯的军队展开了斗争。不过，由于凯撒的士兵过少，虽然也曾取得过几次胜利，却对整个小亚细亚的局面豪无影响。

后来，凯撒得到现任执政官路库路斯统领大军来到了小亚细亚。于是，他立即带领着士兵们赶了过去。在凯撒到达路库路斯的大军之前，路库路斯的军队已经与米特里达特斯的大将提格拉尼斯所率领的军队进行过几次的交锋了。不过在这几次交锋中，路库路斯带领的军队都没能占得上风。

路库路斯得知到来的凯撒曾经击败过米特里达特斯的军队，他急忙将凯撒请到行营中，问凯撒是否有击败提格拉尼斯的把握。凯撒详细问过这些天大军同提格拉尼斯交战的经过，点点头，给出了肯定的答复。

凯撒已经发现，提格拉尼斯的军队最厉害的就是他们的方阵，只要能够将这个方阵给打破，那么对方也就败了，而凯撒的那个千人队正好最擅长的就是这样的任务。因此，对这个送到自己手中的军功，凯撒毫不犹豫地接受了。

这一战果真如同凯撒预料的那么简单，当凯撒的这个千人队以投石兵的队列冲向对方的时候，提格拉尼斯方阵的士兵都露出了不屑一顾的神情，带队的将领们也笑道："罗马无人了，连投石兵都派出来对阵了。"

不过，当整个方阵运转展开追击的时候，他们忽然发现眼前的投石兵竟然变成了轻装步兵，凯撒的士兵投出一排轻矛之后，提格拉尼斯方阵中的士兵倒了一部分。就在整个方阵中的士兵都被挑起怒火，将要撕裂眼前的敌人时，突然发现那些轻装步兵又变成了骑兵，已经向自己冲了过来，顿时，整个方阵人仰马翻，乱作了一团。这时路库路斯率领大军杀了上来，此战大获全胜。

得到战功的凯撒没有在小亚细亚继续停留，恰好这时母亲催促的信又到了，她说祭司团的一位成员不久前告别了人世，祭司团需要补充一名新成员，凯撒的母亲希望凯撒能够赶回去竞争祭司的职位。于是，凯撒告别了路库路斯，向罗马城赶去。

2. 帮助斯巴达克斯

当凯撒急匆匆地赶到家中的时候，他才发现母亲的病情远比信中给自己描述得要重的多。虽然得知母亲生病，凯撒就买了一个懂得医术的奴隶并且一同带了回来，但是看到原本雍容高贵的母亲突然就骨瘦如柴地躺到了床上，凯撒的眼泪就止不住地流了下来。

想到这些年来母亲为自己付出的这一切，凯撒甚至不想再去参加竞选了，他想留在母亲的身旁好好地照顾她。但是最终，凯撒仍然在母亲的坚持与科尔涅利娅的保证下去为参加竞选而做准备了。

凯撒原本以为，让自己竞选成功是母亲的梦想，只要自己能地达到母亲这个目标，让母亲开心，她的病就会慢慢地好起来。但是，凯撒不知道的是，当他成功地成为一名祭司时，母亲已经静静地闭上了眼睛。

竞选成功的凯撒没有参加欢庆仪式，他以最快的速度赶到家中，他希望能够让病重的母亲与自己一起分享这份成功的喜悦。激动的凯撒没有注意到，所有的仆人都已经面带悲伤，哭肿了眼睛。他一步踏入母亲的卧室，刚想说话，突然注意到母亲静静地躺在床上，眼睛紧紧地闭着，她的床前跪着悲痛欲绝的科尔涅利娅。

凯撒心中一颤，他不愿相信这都是真的。凯撒更愿意相信，母亲只是睡着了，一会就醒来。但是当他将询问的目光扫向周围时，所有人都红肿着眼睛避开了他的目光。过了许久，凯撒才大喊一声："母亲！"然后晕了过去，整个府中顿时再次乱作一团。

当凯撒悠悠转醒之后，他发现自己躺在科尔涅利娅的怀中，科尔涅利娅红肿的眼睛中仍充满了泪水。就在这一刻，凯撒认识到，自己已经成为了这个家中唯一的支柱，如果自己倒下了，那么这个家，也就完了。

认识到这一点之后，凯撒的眼光也渐渐坚定了下来，他扶着科尔涅利娅慢慢站了起来，然后开始向众人发布命令，准备母亲的葬礼。

这一刻，凯撒身旁的众人都有了一种陌生的感觉，彷佛曾经那个睿智的男孩在一瞬间成熟起来，成为了一名敢于挺起脊梁，向生命中的苦难发起冲锋的勇士！

安葬好母亲之后，凯撒就开始了自己身为祭司的生活。但是凯撒并没有像其他祭司一样，满足于现在的生活，他那高贵的出身、曾经亲自指挥并战争、乘船游历的这些经历，都让其他年轻的祭司们羡慕不已，大家常常请求凯撒讲述他曾经历过的那些有趣的事情。不知不觉中，凯撒成为了年轻祭司们的领头人。

但是凯撒的目标并不是这些年轻的祭司们，他依然坚信，作为保民党一派，只有获得人民的支持，才能够在最终的决战中给对手致命一击。因此，凯撒常常去一些穷人们聚集的地方，帮助那些人解决一些他能力范围之内的事情。

渐渐地，凯撒在民众间的威望越来越高，保民党一派也明显表示出了对凯撒的支持。依靠着这些支持，一年后，凯撒顺利地成为了罗马卫戍部队的司令官。

成为了罗马位数部队的司令官之后，凯撒却一反常态，不再如同往常那般勤奋，反而常常带领着一干亲信每天嬉戏玩乐，时而在家中大摆筵席，时而请一些表演杂技的演员们去家中表演。

原来，凯撒早已看出在元老院中有着很大影响力的小加图渐渐对自己起了忌惮之心，只是，现在自己虽然有了一些权利，但仍然无法与小加图进行对抗。于是，凯撒想到了这个办法来麻痹小加图，希望能够让小加图对自己放松警惕，从而为自己的未来创造更多的机会。

在凯撒的计划中，他希望自己能够完全地沉寂下来，不再去参与任何的政治活动。让凯撒没有想到的是，即便自己每天都花天酒地，不再关心政治，仍然会有相关的消息送上门来。这一次，凯撒得到的消息是有关斯巴达克斯的。

斯巴达克斯，凯撒并不陌生，而且凯撒对于这名机智勇敢的角斗士颇有好感。凯撒曾经想过，当斯巴达克斯获得自由后，自己就向他表达了招贤的意愿。没有想到，凯撒还没有行动，就得到了斯巴达克斯与角斗士们商议反抗的消息。

这个消息被凯撒在第一时间压了下来，直到第二天才向元老院汇报上去。但是在汇报之前，凯撒亲自悄悄地找到斯巴达克斯，告诉了他这个消息，然后提出了自己的意见："带着你的勇士们离开意大利，远远地离开罗马的军队，否则这些跟随你的勇士们都将面临悲惨的结果。"

虽然斯巴达克斯并不愿意相信凯撒的话语，但是自己与几个首领的谈话能被凯撒不差分毫地说出来，这让斯巴达克斯不得不选择相信凯撒。于是，斯巴达克斯迅速将这个消息传送了出去，而所有的角斗士们也都在得到消息后第一时间行动了起来。罗马史上最为著名的奴隶起义战争就这样在凯撒的推动下提前爆发了。

然而，战争一旦开始，就不在任何人的掌控之中了。原本凯撒希望斯巴达克斯能够按照自己所说的那样，迅速离开意大利，带领众人从此开始新的生活，但是，被残酷压制、剥削的角斗士们在与罗马军队的几次交锋中，凭借着不畏死亡的拼斗方式都取得了胜利，而这些胜利让角斗士们产生了与罗马军队对抗的念头。

当凯撒得知这些角斗士们不仅没有逃离，反而不断与罗马军队对抗，并且向着罗马城的方向进攻时，他叹了一口气，然后去劝说曾经苏拉手下的大将——克拉苏参加这场战争。虽然斯巴达克斯以及他带领下的角斗士们表现出来的勇气以及武艺都让凯撒极为欣赏,并且有收为己用的想法,但是凯撒无法容忍他们拖垮整个罗马。

接下来的战争中,斯巴达克斯的角斗士军团与罗马士兵各有输赢,但是随着克拉苏的出兵,角斗士兵团的情势急转而下,再加上无法迅速补充兵员,他们的日子越来越难,尤其是得知庞培、路库路斯也已经腾出手,正领兵向自己这个方向前来时,斯巴达克斯才隐隐有些后悔,后悔没有听从凯撒的建议了。

就在这时,凯撒再次派人找到了斯巴达克斯,劝说他向克拉苏投降,凯撒保证投降的众人不会失去生命。斯巴达克斯考虑再三,还是拒绝了凯撒的好意。斯巴达克斯已经想清楚了,像自己这样的角斗士还有许多,他们每时每刻仍然生活在水深水热之中,而摆脱这样生活的方法只有一个,那就是战斗,只有用战斗与鲜血才能换来永久的自由!

凯撒得到消息后,久久没有说话,他远远地望着战场的方向,彷佛隔着千山万水看到了一位英雄的勇士浴血奋战,却不敌人山人海的冲击,最终无奈怒吼离世的场景。

3. 劝解克拉苏与庞培

当克拉苏率领着军队返回罗马城时,元老院按照着战前对他的承诺举办了凯旋仪式。整个仪式并不是特别的隆重,克拉苏仍然非常高兴,没有什么比凯旋仪式更能够代表一名将领所获得的荣耀了。

克拉苏的所有兴奋在庞培回到罗马城后就消失不见了。不仅如此，他的心中还充满了愤怒，恨不得带领着刚刚结束了战争的军队去攻击庞培。就在克拉苏愤懑不平，在家中摔东西时，侍从进来汇报说凯撒来了。

克拉苏稍微平复了一下自己激动的心情，然后离开了因为自己发泄而变得一团糟的房间。克拉苏已经竭力控制自己的情绪了，但是当凯撒见到克拉苏时，细心的凯撒仍然发现了克拉苏眼角那无可抑制的怒火。

凯撒在得知元老院为庞培举办了远比克拉苏盛大的凯旋仪式后，就一直觉得有些诡异。他略微思忖，就明白了，这两个仪式肯定是元老院小加图的诡计。小加图肯定是希望借此挑起克拉苏与庞培的怒火，让他们去争斗，最终，小加图就可以从中受益了。

想明白这些问题后，凯撒就知道，自己必须去劝说克拉苏了。凯撒相信，依照着克拉苏的秉性，肯定不会甘心屈居庞培之下，愤怒之下的克拉苏，还真有可能做出小加图盼望的举动。因此，凯撒得到消息后，就急忙赶过来寻找克拉苏了。

看着仍然愤怒的克拉苏，凯撒轻轻地笑了起来："呵呵，是谁招惹了英勇的克拉苏大人呢？莫非是活的不耐烦了么？"

克拉苏抬起头："还不是那个该死的庞培么？嘴上毛都还没长全呢，竟然就敢举办比我还盛大的凯旋仪式。哼，果真是年轻不知天高地厚！呵呵，我亲爱的朋友，您知道的，我说的是庞培，和您没关系。"

凯撒点点头，仍然笑着说："没关系，我亲爱的朋友。不过，您既然能够消灭掉狡猾的斯巴达克斯，莫非还看不穿这个明显的圈套么？"

"我入了人家的圈套？"克拉苏疑惑不解地问道。

"是啊，元老院已经做的如此明显了，您还看不穿么？"凯撒故意提到了元老院。

克拉苏一个激灵，明白了凯撒的意思，同时也想通了凯撒一直所说的骗局。想通之后，克拉苏不禁出了一身冷汗，如果不是凯撒及时到来劝解了自己，或许……想到这里，克拉苏看向凯撒的眼光也充满了感激。

凯撒暗暗点点头，知道克拉苏也看穿了其中的诡计，但这只是凯撒到这里的其中一个目的。凯撒看着克拉苏又继续说道："克拉苏，我亲爱的朋友，既然您已经看穿了这个圈套，那么接下来，您有什么计划么？"

"哪里还需要什么计划，我直接派人过去杀了那个可恶的小加图就是了。"克拉苏狠狠地挥了一下手。

凯撒摇摇头："看来这番征战让您失去了以往的谨慎与英明，您也成为了一名只知道挥舞拳头的莽夫了。"

听到凯撒这样说自己，克拉苏不乐意了："那我们尊敬的凯撒大祭司有什么好的建议呢？"

"很简单，带着礼物去拜访庞培，去向庞培祝贺！"凯撒自信地说了出来。不过，迎接他的是克拉苏等待详细计划的目光，凯撒只好苦笑着将自己的计划和盘托出，只听得克拉苏两眼放光，恨不得立即执行了。

克拉苏也确实这样做了，不过，让他遗憾的是，前去拜访庞培的时候，他碍于身份不能前去，只好让自己的儿子代劳。

凯撒对于庞培的了解非常少，不过，他仍然记得，当初自己被苏拉的人带到行营后，苏拉望着自己所说的一句话："凯撒，虽然你的年龄很小，但是我不得不承认，你是一个非常具有威胁力的对手，或许年青一代也只有庞培可以力压你一头了吧？"

从那个时候开始，凯撒就开始关注庞培的消息，不过，由于庞培一直在外领兵作战，而凯撒也一直过着奔波劳碌的生活，所以，这是两人第一次见面。

当庞培听到克拉苏的儿子前来拜访时，他的第一反应就是召集护卫，但是听到侍从汇报说只有两个人时，庞培又疑惑了，他不知道克拉苏是什么意思。听到克拉苏的儿子不是带着士兵过来的，庞培也放心了，让侍从带他们进来。

凯撒与克拉苏的儿子进来后，大家相互问候了一句，便在客厅中坐了下来。凯撒与庞培相互打量着对方，似乎想一眼看穿眼前人的想法似的。最后，克拉苏的儿子按捺不住，向庞培问道："不知道大人您对以后有什么计划么？"

庞培没有说话，只是摇了摇头。

于是，克拉苏的儿子又接着问道："执政官的竞选又快要开始了，不知道您是否有兴趣与我父亲一同参加？"

克拉苏的儿子问的比较突兀，他的意思也正是凯撒想表达的，因此凯撒没有制止，反而盯着庞培，等待着庞培的答复。

庞培颇为心动，他看看克拉苏的儿子，又看看凯撒，不知道该如何作答。庞培既想得到克拉苏的支持，共同成为罗马新一任的执政官，又害怕凯撒这两人是有备而来，为自己准备了一个圈套，等待着自己往下跳。

就在庞培犹豫不决的时候，忽然侍从进来汇报说："大人，西塞罗大人来了。"庞培大喜，急忙让侍从将西塞罗带到这里。

西塞罗听完整个事件之后，他也同样支持庞培与克拉苏结盟，共同执掌罗马，为罗马人民的幸福生活而努力。

在这谈话过程中，凯撒发现，西塞罗完全就是站在庞培谋士的角度去替庞培打算的。这个发现让凯撒有些震惊，同时也有些感伤。他没有想到，自己那个曾经无话不谈的战友、知己竟然也踏入了政治这个泥潭中，并且支持着庞培。

好在凯撒到来的目的就在西塞罗的支持下成功实现了，他和克拉苏的儿子没有继续待下去，与庞培约定好再见的时间后，就告辞离开了。

其后，又经过几次的商议与妥协之后，终于在公元前70年的时候，庞培与克拉苏这两位手握重兵的巨头竞选成功，成为了罗马的执政官。

4. 元老院中的抗争

庞培与克拉苏竞选执政官的过程也让凯撒感触颇多，他再一次有了去建立军功的想法。在这一次的竞选过程中，元老院的众多元老们竟然罕见地没有提出任何反对意见。凯撒知道，这些元老们并不是没有意见，只是他们都害怕庞培与克拉苏背后的军事力量。

不过，凯撒很快就转变了自己的想法，他知道自己没有强悍的军队支持，但是自己在平民心中的信誉与声望是别人所无可替代的，同时这些也是自己最宝贵的财富。

认清自己的优势之后，凯撒更加用心地关注平民的生活了。凯撒明白，只要提出的建议能够让广大的平民受益，那么自己就能够得到更多的支持与拥护。因此，当马凯尔提出恢复被独裁的苏拉废掉的保民官时，凯撒在第一时间就提出了支持。

庞培与克拉苏竞选成功后，提供帮助的凯撒也得到了许多来自他们的帮助。也正是来自庞培与克拉苏的帮助，才让凯撒得以成功抨击法庭的组成人员，将法庭从元老院的控制之中成功地解脱出来。

不过，让凯撒好奇的是，这一次以小加图为首的元老们并没有做出任何激烈的反应，好像凯撒的行动是他们授意而为似的。凯撒不需要再面对众多的责难了，他的心中却没有一丝的喜悦，反而充满了担忧。

小加图等人没有表现出强烈的反应，说明在他们心中有着比这件事更重要的计划，凯撒想象不出来，他们究竟会以什么方式做出回应。为了试出小加图等人的底线，凯撒又参加了财务官的竞选，然而这一次，小加图等人再次选择了妥协，凯撒迷惑了。

凯撒所不知道的是，当他因为得到财务官的职务而与众人欢庆时，小加图的家中，与小加图亲近的一干元老都咬牙切齿、愤愤不平地咒骂着凯撒。

当庞培与克拉苏竞选成功后，小加图就明白了，这一切的背后，肯定是凯撒在推动着。于是，小加图重新将目光盯在了凯撒的身上。通过仔细的研究过凯撒之后，小加图发现，表面看上去，凯撒与庞培、克拉苏的关系极为融洽，但是三人的执政目标却并不相同。这也就意味着，如果没有一位共同的敌人出现在面前时，他们三人必将发生争执，那个时候就是小加图等人坐收渔翁之利的时候了。

也正是这个原因，小加图等人才会在凯撒的一系列举动中毫无反应，不过，眼睁睁地看着政敌发展壮大，这种感觉仍然让小加图身旁的一干元老们恼怒不已。小加图的心中同样充满了不甘，但事情已成定局，而凯撒、庞培、克拉苏三人仍未发生争执，小加图只好用父亲曾经告诉过自己的一句话来劝慰自己与众人：一个好的猎手，要耐得住寂寞与等待！这样，才能够在猎物最松懈的一刻，给予致命的打击。

凯撒接下来的举动让小加图等人再也无法按捺住焦虑的心情了：凯撒就要与苏拉的外孙女、庞培的远亲庞培娅结婚了。同时，凯撒还将自己与科尔涅利娅所生的女儿优利娅嫁给了庞培。

虽然贵族间家族相互联姻的事情经常发生，但是凯撒与科尔涅利娅只有优利娅这么一个女儿，而凯撒在科尔涅利娅生病去世后，一直都是一个人带着优利娅生活，优利娅对凯撒的意义非同一般。

因此，小加图等人才会恼羞成怒，迫不及待地跳出来阻止凯撒。只是，这个时候，小加图才发现身旁支持的声音少了许多，而凯撒则得到了许多原本是苏拉一派的元老们的支持。此消彼长之下，凯撒也得以顺利进入元老院，拥有了与小加图针锋相对的资格。

小加图突然有些后悔了，他知道一直以来自己的认识都是错误的，凯撒并不是一只毫无反抗力的猎物，而自己更不是一名英勇善战的猎手。更让小加图心惊的是凯撒成长的速度。小加图记得，曾经的凯撒还需要借着花天酒地的玩闹来转移自己的目光，而现在的凯撒已经可以毫不掩饰地与自己公然对抗了。

小加图害怕了，他担心随着时间的增长，凯撒的地位会超过自己，然后对自己展开不遗余力的报复。因此，每当元老院召开会议时，无论凯撒提出什么样的观点，小加图都会对此进行驳斥。

凯撒很快发现了这一点，因此，当元老会再次召开会议时，他开始保持沉默。凯撒明白，自己与小加图的观点会有不同，两人都有着无可遏制的野心与欲望，而这样的目标只能够建立在富强的罗马之上，两人都不希望当自己站到权力的巅峰之后，接手的是一个千疮百孔的贫穷国度。

只是，凯撒的沉默并不意味着妥协。当代表庞培的元老伽比尼乌斯提出交给庞培在地中海及沿海地区最大的决定权，以便庞培能够迅速消灭敢于挑衅罗马军队的海盗时，小加图竭力反对，他害怕得到这些权力的庞培会更加难以应付。

这时，凯撒站了起来，他向大家例举了众所周知的海盗危害事件，同时也向大家详细分析了一番庞培得到最高权力的好处，最后，凯撒提出：如果不能及时清除海盗，任凭海盗继续猖獗的话，那么粮食就无法及时运送到罗马城，甚至根本就不会再有运粮而来的船只!

凯撒的一番演讲说完之后,周围响起了轰鸣的掌声,每个人的最终喊道:"出兵……出兵!"就连坚决反对的小加图也安静了下去,凯撒最后的话语已经说得非常明白了,这个时候如果有人提出反对意见的话,那么他就是与罗马城中的众人为敌,愤怒的众人恐怕当场就会将他撕碎的。

而且,海盗也确实猖獗到不得不除的地步了,小加图得到的消息中,海盗甚至直接闯入沿海的城中,将两名城中的行政长官给绑架了。小加图坐在自己的座位上,静静地闭上了眼睛,默认了赐予庞培在沿海区域的最高权力的决定。

5. 升任执政官

为庞培争取在沿海区域的最高执行权时,小加图第一次见识了凯撒的雄辩之术,小加图暗暗假设自己处于凯撒的角色,应当如何做呢?最终,小加图不得不承认,如果站在凯撒那个位置的是自己,自己定然无法做到如此完美。得出这个结论之后,小加图望向凯撒的目光更加复杂了。

凯撒不知道小加图的想法,也没有注意到小加图的目光,这个时候,他正站在众人之间享受着民众的欢呼与赞颂。凯撒这一番慷慨激昂的演讲,受益的不仅有庞培,也有凯撒自己。通过这次演讲,凯撒明白,庞培与小加图的关系将进一步恶化,与自己则会更加融洽,同时,因为在演讲结束后,凯撒又提出给粮食降价的政策,这又为凯撒增添了许多追随者。

庞培在收到元老院的任命之后,就立即带兵赶向了海盗最常出现的地区。有了至高权力的庞培在沿海地区如鱼得水，短短的三个月时间内，就将原本充满海盗的区域给清理得干干净净了。

庞培胜利的捷报频频传来，凯撒的心也静不下来了，他也想像庞培那样，在战场上冲锋陷阵、杀将夺旗！恰逢此时开始了西班牙最高行政长官的竞选，凯撒思量再三之后，认为这是朱庇特神给予自己的机会，应当紧紧地抓住，于是他参加了这次竞选，并且成功得到了自己期望的这个职位。

出发之前，凯撒已经详细了解过西班牙周边的环境，明白自己到任后的目标主要是两个从来都不屈服于罗马的部族：西塔尼亚人和加莱奇亚人。在凯撒之前，庞培也曾在这里同这两个部族交战，但是最终毫无成果。

与庞培交往这么长的时间之后，凯撒明白，庞培有着极高的军事天赋，并不是浪得虚名之辈。当凯撒到达西班牙之后，并没有立即带领着大军向那两个部族进攻，而是直接以西班牙最高行政长官的名义下达了一个命令：即日起，免除当地居民的一切租税！

凯撒的这条命令为他成功赢得了当地居民的盛赞与尊重。其实，凯撒的这个决定并不是一时的冲动之举。出发之时，凯撒就已经想好了，从此以后，要将西班牙当做是自己真正的根据地，凯撒就需要一些政策来赢得当地居民的信任。

很明显，凯撒的这条政策，让他们迅速接受了这个给自己的生活带来福音的长官。

内部安定下来之后，凯撒就带领着士兵前去征服那两个部族了。在经过几次交锋之后，凯撒终于明白为什么庞培没有能够征服他们的缘由了。

两个部族的士兵都非常少，如果两军对阵的话，凯撒的士兵完全可以一鼓作气，将他们围而歼之。但是这些士兵都非常狡猾，他们总是且战且行，然后将凯撒的大军引诱到大山之中。

进入山区的范围之后，部族的士兵就会凭借着他们对地形熟悉的优势程度躲藏起来，然后从其他的道路绕行到凯撒大军背后，打败并击杀落在最后方的士兵。当凯撒发现不对劲的时候，部族的士兵又消失了。

几天的交锋之后，一向以谨慎冷静著称的凯撒也不禁感到窝火与憋屈了。为了减少军队的损失，凯撒只好下令将大军撤出山区，在空旷地域安营扎寨，然后派人去周围城镇中寻找对这两个部族比较熟悉的村民来帮助自己。

这天，凯撒正在自己的军营中绞尽脑汁地思考着对抗部族士兵的事情，忽然一名亲卫走了进来。凯撒抬头看了看这名亲卫，不知道他来找自己是为了什么事情。

亲卫走到凯撒的身前，在凯撒耳旁悄悄说了几句话。

"真的？"凯撒惊喜地问道。

"是的，尊敬的祭司大人，他现在就在帐外等候着呢，如果您允许的话，我就带他进来。"那名亲卫后退一步，躬身说道。

"好的，你速速将他带进来。"凯撒兴奋地合不拢嘴了。

那名亲卫曾经是庞培手下的一名小头领，后来因为一件事情得罪了庞培要被处死，恰逢当时凯撒顺利地与庞培娅结为夫妇，心情大好去找庞培商议事情，见到后觉得有些不吉利，就替他求情，求庞培饶他一名。

庞培顺势就将这名亲卫送给了凯撒，后来凯撒发现这名小头领武艺很好，就将他带在身旁，做了自己的亲卫。而小头领也感激凯撒挽救了自己的生命，一直都对凯撒忠心耿耿。

刚刚小头领走进来向凯撒说了一件事情：一个几年前同样跟随庞培与部族作战的兄弟找到了他，而小头领一直以为他被部族俘获杀害了。经过攀谈之后，小头领才知道，那名兄弟被俘获后，因为会一些戏法而没有被杀害，前些天，当部族与罗马士兵开战的时候,他认出了凯撒身旁的那名小头领,所以偷偷逃跑了出来,来见这名小头领。

因此,凯撒才会如此兴奋,有了这名士兵的帮助,想要击败这些狡猾的部族就已经没有任何困难了。当见到这名士兵之后,凯撒仔细地向他询问了有关部族的情况,特别是两位首领的性格以及两人之间的关系。

与士兵详谈之后,凯撒的心中已经有了一个主意,他派人回到城中,将自己宝物中最珍贵的一个水晶杯取了过来,然后将大军分成了三支队伍:一支队伍跟随着那名熟悉地形的士兵悄悄进入山区,等凯撒率军与部族士兵开始交战的时候,就将进入山区的入口封锁起来;一支队伍悄悄地埋伏在营帐的外面,等两个部族的士兵都冲进营帐之后再现身冲杀;最后一支队伍则担负着引诱部族士兵的重任。

给每一支队伍都分配好任务之后,凯撒又带领两名士兵在自己的营帐中挖了一个坑,将那名宝贵的水晶杯装在一个箱子里,然后将箱子埋了下去,但是又在表面留下非常明显的标记,让人一眼就可以看出那里藏有东西。

负责引诱的那支队伍出发了,一切都向着凯撒预期的方向发展。凯撒已经从那名士兵的口中得知了这两名首领都非常贪婪,但是他仍然低估了他们贪婪的程度。

当这两名首领闯入凯撒的营帐,发现了那宝贵的水晶杯之后,两人竟然率领着各自的队伍打斗起来,让坐收渔翁之利的凯撒看得目瞪口呆。

经此一役,两个部族的首领都被凯撒处以死刑,两个部落的村民也被凯撒打乱分成了四个小部落,而且没有凯撒的允许,不准聚集在一起。同时,凯撒也率领着大军,将两个部落多年抢夺积累的财富搬运一空。

这批财富不仅让凯撒早已干瘪的钱包鼓胀了起来，也让所有随同凯撒作战的士兵都富裕了起来。

凯撒立下如此大的战功之后，已经像庞培一样，有了可以举办凯旋仪式的资格，但此时也到了竞选下一年执政官的时候。以小加图为首的元老院为难凯撒，他们告诉凯撒，如果凯撒要求举行凯旋仪式，那么他就必须等到竞选结束才能够返回罗马，否则，即使凯撒悄悄返回了罗马，但因为没有举行过凯旋仪式，元老院仍然不会赋予凯撒参与执政官竞争的资格。

凯撒非常希望能够获得举办凯旋仪式的资格，但是在经过一番深思熟虑之后，他毅然放弃了对凯旋仪式的要求，而是返回罗马，参与了执政官的竞争。凯撒的这个决定彻底打乱了元老院的部署，匆忙之中，他们只来得及从自己的拥护者中挑选出一个人去与凯撒竞争。

最终，凯撒与那名元老院的追随者共同当选。

第三章 征战埃尔维提伊人

> 懦夫在未死之前，已身历多次死亡的恐怖了。
>
> ——凯撒

1. 秘密协议

元老院推选出来的那名执政官名叫马尔库斯·毕布路斯。毕布路斯的家族并没有太多的财富，如果他仅仅依靠家族的力量去竞选执政官的话，必然无法当选。只不过凯撒放弃凯旋仪式而选择竞选执政官的做法完全出乎了小加图等人的意料，匆忙之间，他们只好每个人都为毕布路斯捐了一部分资金，才能够帮助毕布路斯成功上位。

凯撒则凭借着在西班牙战争所获得的财富，不仅将曾经因为铺张浪费而欠下的账单全部还清，而且还可以在这次竞选执政官的时候大摆宴席，重重犒赏支持自己的亲信们。虽然最终凯撒成功了，但是他也明白，毕布路斯的背后就是小加图等元老院的众多元老，而这股力量是目前的自己无法单独对抗的。

凯撒经过一番思量之后，将合作的目光盯在了庞培与克拉苏的身上。

庞培自小就在军营中长大，每天与战士们厮混在一起，而他现在显赫的身份也是依靠着自己在千军万马的拼杀中得来的。对这些强壮而单纯的战士而言，他们更相信自己的力量，同时也比常人更加崇拜强者，而庞培就是他们崇拜的"军神"。

这位"军神"现在却紧紧地皱着眉头，右手放在椅子的扶手上，一下一下无意识地敲打着。出身军营的庞培希望可以通过自己的努力，为这些勇猛果敢的汉子们争取到最大的利益。眼看着又有一批为战争贡献了青春的老兵即将离开军队,自己无法为他们争取到一块土地,饶是这位战场上冲锋陷阵、智勇双会的将军,也不禁有了一种无力的感觉。

就在庞培苦苦思索的时候,忽然一名仆从走了进来:"将军,凯撒大人遣人前来邀请您前去赴宴。"庞培眼中一亮:有了,这位新晋的执政官肯定能够在此事上助自己一臂之力。于是,庞培让仆从回复道:"你去告诉他,让他先回去,我马上就到。"

仆从得到命令后,转身离开了。庞培也急忙走进自己的房间,更换了一身出席宴会的礼服之后,才乘坐自己的马车向凯撒家赶去。

当庞培到达凯撒府中后,他发现,除了自己外,凯撒还邀请了一个人:克拉苏!见到克拉苏后,庞培不禁"哼"了一声,同时转过了头,而克拉苏也在同一时刻做出了相似的动作。凯撒看着这两位权势滔天的贵族竟然像孩子一样赌气起来,不禁有了一种想大笑的冲动。

庞培与克拉苏也发现了凯撒的表情,两人对视一眼,有了一种尴尬的感觉。凯撒急忙开口道:"大家都不是外人,客气话我就不再多说了。两位在共同执掌罗马的时候有一些摩擦,那些都已经过去了,而且大家现在都有不同的困难,只有我们三个人联合起来,相互支援,才能够最终达成我们的愿望。今天,就由我做东,重新恢复我们三人合作的关系,可好?"

凯撒说完举起了手中的酒杯,等待着庞培与克拉苏的响应。庞培与克拉苏听完凯撒的话之后,略一思考,也举起了手中的酒杯。

这些天,凯撒为毕布路斯的掣肘而烦恼,庞培则在担忧老兵们的安置问题,克拉苏则每天思考着如何才能够将对抗帕提亚的军队牢牢控制在自己的手中。通过这么多天的思考,每个人都深深感觉到,凭借着自己的力量,这些烦恼仍然会一直纠缠下去,如果可以像凯撒所言，三人结为同盟，那么罗马就可以被三人牢牢地控制住了，再也不会出现反对的声音。

因此，庞培与克拉苏也就顺势举起了酒杯，等待着凯撒说出他的打算。

见到两人默认了自己的话语，凯撒点点头，他早就猜到，已经陷入困境的两人都渴望得到他人的帮助，只是一直没有想好合适的人选而已。低头想了想，凯撒继续说道："对于两位的问题，我也已经有所了解，只不过现在因为毕布路斯的掣肘，我无法直接提供帮助，因此需要两位的帮助。当然，作为回报，我会在得到手中最大权利之后，帮助两位解决面前的问题。"

庞培与克拉苏都没有说话，他们知道，凯撒想要的不仅是这些。因为，如果凯撒仅仅是想要做手握大权的执政官，那么只要再给他一些时间，凭借着凯撒的聪明才智，他一定能够打倒毕布路斯，拥有罗马最重要的权力。

果然，凯撒放下了手中的酒杯："当然，我想要的不仅是这一年执政官的话语权，我还需要两位帮助我取得高卢总督五年任期的权限！"说完这话之后，凯撒也闭上了嘴，静静地望着庞培和克拉苏两个人。

"高卢总督五年的任期？"庞培与克拉苏身体一颤，那个位置非同凡响，如果是其他人的话，庞培与克拉苏肯定会毫不犹豫地点头同意，但是凯撒……

通过这么长时间的相处，庞培与克拉苏的心中也非常清楚，眼前这名俊美的男子并不像表现出来的这么简单，他不仅有着超乎常人的智慧，也有着常人所不及的野心！就现状而言，高卢处于各个部族的征战之中，罗马除了拥有几个盟友之外，并不占什么优势。如果让眼前的这名男子担任高卢的最高长官，那么高卢会发生什么事情呢？

庞培与克拉苏面面相觑，两人都看到了对方眼中的一丝无奈。他们都隐隐约约猜出了凯撒的意图，如果现在两人不答应的话，那么他们的处境将会更加艰难，而且还会增加一名凯撒这样的敌人。想想凯撒运筹帷幄，将一切掌控手中的情景，庞培与克拉苏都感觉一阵心悸。

最终，他们终于下了决心，举起了手中的酒杯："一切就按照执政官大人的意思办！"

"哈哈，好！相信我们三个人一定可以各取所需，为罗马的人民创造出和平、幸福的生活。"凯撒也笑着拿起了面前的酒杯，然后一饮而尽。

有了庞培与克拉苏的保证之后，凯撒的动作简单而有效。第二天清晨召开元老会的时候，凯撒与毕布路斯直接就在元老院发生了冲突，最终，凯撒直接用武力将毕布路斯强行赶出了元老院。看着衣甲鲜明的士兵，元老们无奈地点点头，什么也没有说。

受到侮辱的毕布路斯在第二天没有听到任何有关对凯撒的处罚与时，他就明白了元老院的决定：他们选择了沉默！这也就表示说，他们已经同意了凯撒的决定。于是，从这个时候开始，毕布路斯也像元老院的众多元老一样，开始保持沉默，不再对任何事情发表意见。

凯撒看到时机成熟，于是就顺势提出了庞培有关老兵的安置问题，以及与克拉苏相关的兵权问题。小加图有心反对，无奈此时的元老院已经不是他一家独大的景象了。最终，小加图也只能无奈地接受了凯撒提议被通过的结果。

此后，凯撒一直在元老院中与小加图进行交锋，不过他从来都没有露出希望掌控高卢的想法。直到执政官的任职期满，凯撒才在庞培与克拉苏的支持下，提出了自己想要到高卢任职的想法。

"高卢？"小加图想了想高卢的相关资料，他的记忆里，那是个充满战火与争执的地方，他巴不得凯撒早日离开罗马，然后自己就又可以继续夺取执政官的职位了。当然，如果凯撒独自前往战争的区域，被敌人不小心杀掉就更好了。这一次，小加图并没有像往常那样发表不同的意见，就这样，凯撒在执政官的生涯结束之后，就可以顺利地登上高卢总督的宝座了。

2. 埃尔维提伊人的野心

凯撒上任的时间渐渐临近，他仍然没有出发，而且，他的生活似乎也更加简单了，至少从表面看上去是这样的。他不需要早早地起床，处理琐碎而繁杂的事情；他不需要独自思索小加图会在今天给自己出什么样的难题；他不需要参加贵族间无聊而漫长的宴会。

然而，凯撒并没有像大家想象的那样，完全地沉浸在这种舒适的放松之中。他只是在等待，等待着亲信为自己带回来有关高卢的详细情况。凯撒明白，自己与庞培、克拉苏之间的同盟关系并不是十分紧密，庞培拥有许多忠诚的士兵，克拉苏则是整个罗马最富有的人，如果不能够在高卢培养出属于自己的势力，那么自己将会一无所有。

这天一大早，凯撒还在后院练剑，一名奴仆匆匆走了过来："大人，您叮嘱的事情有眉目了。"

"喔？去看看。"凯撒知道，如果不是自己交待的那件事情，奴仆是不敢来打扰自己练剑的，于是立即停了下来，带着奴仆去了客厅。

客厅里，一名亲卫打扮的年轻人正恭敬地站着，年轻人风尘仆仆、面带倦色，他的一双眼睛仍然非常明亮。在年轻人的身后还站着一名年龄相仿的男子,一眼看去,这名男子分明就是一个地地道道的高卢人。

凯撒走进客厅后,发现竟然有两个人,不禁愣了一下,然后才继续迈步向前走。凯撒坐下之后,亲卫与那名高卢男子一同施礼:"见过大人!"

凯撒点点头:"嗯,辛苦你了,事情办得怎么样了?"

亲卫恭敬地回答道:"大人,遵照您的吩咐,我带着兄弟们分散在高卢各地,去分析高卢的情况,只是,高卢实在太大了,我担心无法在大人上任之前完成任务,于是只好找人咨询。最后,我找到了高卢大地上有名的智者——那拉坎特。"

说着,亲卫指了指身后的那名高卢男子,高卢男子——也就是那拉坎特赶忙上前一步,向凯撒躬身问好。

凯撒赞赏地笑了笑,自己的这名亲卫也懂得思考了,以后倒是也可以独当一面。同时,凯撒也急忙站起身来,向那名"高卢智者"走了过去。那拉坎特看上去非常普通,没有任何出色的模样,但是凯撒没有丝毫的轻视。凯撒相信,如果那拉坎特没有真本领的话,自己的这名亲卫是不会将他带回来的。

同那拉坎特交谈几句之后,凯撒欣喜若狂:那拉坎特不仅对整个高卢的形式了若指掌,而且对于未来的发展也能够洞若观火。凯撒的目的是征服整个高卢,培养出完全忠于自己的军队,那拉坎特简直就是朱庇特神赐来辅佐自己的谋士。

这一天,凯撒与那拉坎特交谈了很久,随后,凯撒决定,立即动身前往高卢。凯撒相信,自己在高卢的征战将会因为有了那拉坎特而轻松许多。

就在凯撒带领着自己的亲卫们向高卢赶去的路上,他又得到消息:埃尔维提伊人不甘寂寞,整个部族都搬离了家乡,向着高卢的方向前来,似乎是想要占据高卢最富有的地方。凯撒心头一喜:

正发愁找不到出兵的理由呢，埃尔维提伊人就找上门了，时间有点紧，还是有很高的成功几率。

想到这里，凯撒又命人将那拉坎特请到自己的车上，向他询问埃尔维提伊人的详细情况。那拉坎特略微想了想，然后向凯撒说了起来：

埃尔维提伊人与比尔及人的情况非常相似，他们居住的环境都比较偏僻，受到罗马文明的影响较小，而且由于他们的家乡与日耳曼人的区域非常接近，因此那里经常会发生战争。埃尔维提伊人与比尔及人都非常勇猛，甚至不时会打到日耳曼人的领地去，但是由于常常爆发战争，导致去那里的商贩也越来越少。

一次偶然的机会，埃尔维提伊人中一个叫奥尔及托列克斯的贵族发现他们部族比高卢其他部族的战斗力要强盛许多，产生了掌控埃尔维提伊人部族，然后向高卢其他部族进攻的念头。

这个念头一旦兴起便一发不可收拾。于是，奥尔及托列克斯迅速行动起来，他派人在部族中宣传着高卢人的软弱与富有，同时也向众人灌输这样一个想法：勇敢、强大的埃尔维提伊人才应该是整个高卢的主宰，也只有埃尔维提伊人才能够占有肥沃的土地以及珍贵的珠宝。

在奥尔及托列克斯的煽动下，众多埃尔维提伊人都动心了，如果生活在高卢的人们果真就像奥尔及托列克斯所说的那么软弱与富有的话，那么埃尔维提伊人是不会介意侵占他们土地、掠夺他们财富的。

最终，埃尔维提伊人的执政官也心动了，他以法律的形式规定所有的埃尔维提伊人都必须静下心来，为即将展开的战争积累必须的物资，积累三年之后，就可以出发了。

说着，那拉坎特掐着手指暗暗计算着时间，忽然他的脸色一变：埃尔维提伊人执政官制定这条法律的时间距离现在已经满三年了，也就是说，埃尔维提伊人真的有可能出兵。

看到那拉坎特变了脸色，凯撒已经隐约猜到了答案，他喊来一名亲卫，吩咐这名亲卫继续去探听有关埃尔维提伊人的消息。

亲卫离开后，那拉坎特才向凯撒说道："大人，奥尔及托列克斯不仅野心勃勃，他也极其擅长外交手段，在他的劝说下，塞广尼人、爱杜依人中也有了像奥尔及托列克斯这样谋取本部族执政官之位的贼子。我担心，如果三个部族都被他们谋划成功的话，那么对我们而言将是一场灾难啊。"

凯撒的神情也凝重了下来："这一点倒是不可不防。不过，还是等消息传回来之后再做决定吧。"车厢里渐渐安静下来，那拉坎特也没有离开，他陪着凯撒等待消息。

不久之后，消息就传了回来：奥尔及托列克斯的阴谋被揭穿，他侥幸逃了出去，不过很快就被人们发现了他的死尸，大家都猜测说，他是阴谋败露之后没有了希望自杀而死的。

奥尔及托列克斯已经死了，但是埃尔维提伊人仍然按照着当年的计划，三年期满，除了要带走的东西，他们将家乡付之一炬，同时还鼓动周围的劳拉契人、都林忌人、拉多比契人也加入了自己的联盟。

3. 应对的策略

听到这个具体的消息之后，凯撒又向那拉坎特投去询问的目光。

那拉坎特思索一番之后，向凯撒说道："大人，埃尔维提伊人想要离开他们的家乡，向富裕地区进攻的话，只有两条道路可走：

一条在塞广尼人的势力范围之内，那条路不仅狭窄难行，而且，只要有少量的战士就可以阻挡住埃尔维提伊人的大部队。因此，他们肯定不会去那条路冒险。

而另外的一条路则需要渡过罗唐纳斯河，但是对于埃尔维提伊人来说，最合适的渡河地点在日内瓦。而日内瓦是属于刚被我们征服的阿罗布洛及斯人的区域。如果我们不允许的话，他们是无法通过的。"

听完那拉坎特的分析之后，凯撒的心中也有了决定："好，那我们就去日内瓦！"说出这话之后，凯撒又对身旁的亲卫命令道："立即全速向日内瓦赶去，同时派人通知日内瓦的最高行政长官，让他立即拆掉与埃尔维提伊人连接的那座桥……"

凯撒说到这里的时候，顿了一下，彷佛又想起了什么："对了，立即派人去通知高卢各地的行政长官，命令他们迅速在各地征兵，预备军团在接到通知后就立即出发赶往日内瓦。"

亲卫记住命令后，转身离开了，车厢中又剩下了凯撒和那拉坎特两个人，不过两个人彷佛都累了，他们静静地坐着，没有再开口说话。

凯撒到达日内瓦的消息传到了埃尔维提伊人执政官的耳边，执政官只是轻轻地笑了一笑，没有说什么，但是所有人都可以看出执政官对于凯撒的轻视。的确，执政官并没有将凯撒放在心上，他听说过凯撒曾经的战绩，执政官从来都不认为，凯撒所击败的那些敌人能够比得上埃尔维提伊人！

埃尔维提伊人执政官甚至认为，凯撒根本就没有参战，而是像大多数贵族一样，为了给自己增添军功，抓来一群平民，然后将他们装扮成战败方的俘虏，借此向那些没有上过战场的人炫耀。

不过，战场征伐难免会有伤亡，埃尔维提伊人执政官还是希望能够避免这场明显对己方不利的战争，他派出了最得力的两个助手去见凯撒，希望凯撒能够允许自己的军队穿过罗马的属地。

两名助手见到凯撒提出请求之后，凯撒没有明确回答，只是说在罗马史上尚没有过这样的先例，需要多加考虑，请两位使者过几日再来。凯撒的态度让两位使者无话可说，好在他并没有表现出反对的表情，这让两位使者对这次的任务仍充满了希望。

然而，两位使者刚刚离开，凯撒就命令当地军团，迅速沿着罗唐纳斯河挖掘沟壕，建筑防御工地。高卢各地征调的军团到达日内瓦之后，凯撒又命令这些士兵也加入到劳动的队伍。经过大家的共同努力，一个简易、坚固的防御工事迅速出现在罗唐纳斯河的一侧。

因为看不起凯撒以及罗马士兵，埃尔维提伊人每天仍然像往常那样训练、嬉戏，竟然没有人发现河的对岸已经悄悄武装到了牙齿。直到几天后，两名使者决定重新面见凯撒的时候，才大吃一惊：罗马的这些准备分明是要同埃尔维提伊人开战啊。

不过，他们还是抱着一丝侥幸踏入了凯撒居住的行营。这一次，凯撒坚定、直接地拒绝了两位使者的请求："罗马从来就没有允许敌人通过属地的行为，以前没有、现在没有、将来也不会有！"

两位使者肺都快被气炸了，到了这个时候，他们也明白了，自己分明就是被凯撒给耍了，勇敢、高贵的埃尔维提伊人什么时候被人如此玩弄过？他们愤怒地盯着凯撒，彷佛要噬之而后快，行营中的士兵都紧紧地握着手中的大刀，防止这两位看起来已经被气疯了的使者有过激的举动。

好在两位使者并没有完全丧失理智，他们看了看明晃晃的刀锋，向凯撒丢下一句话："愚蠢的罗马人，你们就等着承受埃尔维提伊人的怒火吧。"说完就迅速溜了回去。士兵们非常气愤使者的无礼，但是没有凯撒的命令，他们也没有阻拦那两位灰溜溜的使者。

环视一眼周围的士兵，发现大家脸上都是一副愤怒的模样，凯撒满意地点点头，同时开口安慰道："罗马的勇士们，你们看到埃尔维提伊人的窘迫了么？我们还害怕这样的小丑么？今天就放他们回去，让他们带着军队前来，我们要让他们知道，谁才是真正的勇士！士兵们，你们准备好了么？"

士兵们已经被凯撒的话语说得热血澎湃、不能自己了，听到凯撒的问话，大家都挺起胸膛，大声喊道："时刻准备着！"

罗马士兵已经摩拳擦掌、蠢蠢欲动了，而两位使者回去之后将见面的经过加油添醋告诉了执政官，执政官大怒，立即召集了众人，迅速向对岸冲去。

这时，凯撒带领士兵修建的战壕就派上了用场。士兵们躲在战壕中，当埃尔维提伊人从浅滩往过冲的时候，罗马士兵们就将手中的长矛狠狠地抛射出去，不仅阻止了敌人的前进，而且还有效的对敌人造成了伤害。而且随着时间增长，罗马的增援部队也会迅速赶过来，情况将会对埃尔维提伊人更为不利。

埃尔维提伊人经过几次尝试之后，除了给自己人增添了伤亡外，没有任何的成果，对面的罗马士兵虽然有被长矛擦伤的，但是一个死亡的都没有。看到这种情况，埃尔维提伊人不得不撤了回去，商议其他可行的办法。

凯撒的行营中，凯撒与那拉坎特也面对面的坐着，商议着下一步的动作。凯撒想通过那拉坎特分析出埃尔维提伊人下一步的动作，并依此而制定己方的策略。

经过长时间的商讨之后，凯撒最终决定：留下一名副将守在日内瓦，自己则去意大利征兵，然后带领着征到的兵团去另外一条路堵住这些狼子野心的强盗。

4. 粮食危机

就在凯撒赶到意大利开始紧急征兵的时候，埃尔维提伊人也放弃了从日内瓦穿过的打算，他们同塞广尼人中野心勃勃的贵族联络，让那名贵族从中担保，保证埃尔维提伊人可以安全顺利地通过。

而埃尔维提伊人许诺给那名贵族的则是，他们征服其他部族之后，会帮助这名贵族成为塞广尼人的执政官。埃尔维提伊人的这个保证让那名贵族死心塌地的为他们担负起了联络的重任，并且极力促成此事，最终，他成功了。

得到埃尔维提伊人已经同塞广尼人达成协议，不日就要通过塞广尼人的领地，对其他罗马的同盟部族发起攻击，心急如焚的凯撒决定带着征募到的两个军团以及正在休整三个军团前去阻止。

为了赶到埃尔维提伊人的前面，凯撒带领着五个军团的士兵从小路包抄了过去。凯撒没有想到的是，就在崎岖、狭窄的小路上，竟然有许多来自不同部族的士兵布下了防线。好在那些士兵人数都非常少，凯撒的军团并没有因此而过多伤亡。

经过几日几夜的行军之后，凯撒得知，自己的军团已经成功赶到了埃尔维提伊人的前面，他不禁松了一口气，劳累了这么多天，也终于可以让疲惫的士兵们稍事休息了。安排好岗哨与士兵的休息之后，凯撒又在行营与那拉坎特商量接下来的行动。

那拉坎特指着画在羊皮上的地图向凯撒说道："大人，我们已经赶到了敌人的前面，但是我认为，此时不是我们阻击的好时机！"

"喔，此话怎讲？"凯撒侧着脑袋，向那拉坎特问道。

"大人，您只想击败埃尔维提伊人还是想做高卢王？"那拉坎特没有立即回答凯撒的问题，反而在迟疑一番之后，握紧拳头，轻声问道。

"嗯？"凯撒变了脸色，但是没有说话，没有拒绝，也没有回答。

那拉坎特一狠心，再次说道："大人，如果您只想击败这些入侵的敌人，那么我们就在此以逸待劳，然后将其一举击溃；如果您想要称王高卢，那么我希望您可以在阿拉河的这个地方再歼灭他们。"

凯撒看了看那拉坎特指的那个地点，轻声问道："有什么不同么？"

"如果在这个地方发起战争的话，最终的胜利一方肯定是我们，我们的伤亡也必然会很大，而这些士兵都是大人您以后征战高卢最大的依赖，少一个都是无可替代的啊！

而如果我们将决战的战场选在阿拉河的附近，那将会有三个好处：其一，埃尔维提伊人成功击败沿途的部族，抢夺这些部族的财宝之后，他们必然要分出人手照看这些珠宝，能作战的士兵就会少一些，我们士兵的伤亡就会减少；

其二，被埃尔维提伊人击败的部族将会对罗马更为依赖，从此以后，您又多一批坚定的支持者……"

"其三，埃尔维提伊人抢夺来的那批财宝我们可以光明正大的留下来！哈哈，你真不愧是有名的智者啊！"凯撒兴奋地打断了那拉坎特的话语，并且接着说出了第三个好处。

"大人英明！"那拉坎特施一礼，然后止住了自己的话语。

凯撒则像自言自语似的说了起来："这些同盟的部族也不是什么好东西，看到要被埃尔维提伊人侵犯了，就向我们求救，当我们的士兵前来与埃尔维提伊人作战的时候，他们在后方却拖拖拉拉，连粮食催了好多次都没能及时送来,哼!"

兵马未动,粮草先行的道理凯撒也懂,同时他也清楚,这个季节里,粮食确实难以征调:新粮尚未成熟,旧粮也即将告罄。但是,眼看着军营中不仅粮食一天天少了下来,就连马粮都快要没了,这让凯撒十分气愤!

为了此事,凯撒已经派人前去催促过好几次了,但部族的执政官不是说正在征调,就是说已经在路上了。这样的话语重复过几次之后,凯撒就厌烦了,他已经非常清楚,这些执政官是在敷衍着自己,只不过,凯撒没有时间返回质问,他需要时时刻刻地盯着埃尔维提伊人,以免他们在战争中发展壮大,成为自己无法抗衡的存在。

那拉坎特的计策有些残忍,抛弃了一些同盟的部族,但是凯撒也正需要用这些部族来让同盟者们明白:罗马士兵才是众人的保护伞,如果没有了这层保护伞在前抵挡,众人将什么都不会拥有!

接着凯撒又带领着军团向与那拉坎特商议好的地方赶去,他们需要在埃尔维提伊人到达之前埋伏好,给这些入侵的强盗们狠狠一击,让他们永远记住这一天的痛!

事情的发展非常顺利,凯撒的军团埋伏好没过多久,埃尔维提伊人就到了,每个人的身上都挂着四、五个沉甸甸的包裹。凯撒等这些兴高采烈的强盗们已经渡过去四分之三的时候,才率领士兵向那留下来的四分之一发起进攻。

突如其来的攻击让这些近来烧杀抢掠、心满意足的埃尔维提伊人一下子都懵了,等他们反应过来准备反抗的时候,又发现,身上那些珍贵的珠宝严重妨碍了自己的动作,历尽千辛万苦才得到的珍宝竟然让自己丧失了生命。

出其不意的攻击以及人数上的优势,这一战在短短的时间内就结束了。刚刚到达对岸的埃尔维提伊人无法相信,就在刚刚还同自己呵斥怒骂的汉子们，竟然在眨眼之间就成为了一具躺在地上的冰冷尸体！不过，愤怒的众人看着对面人数众多、装备精良的罗马士兵，谁也不敢再渡回去为兄弟们报仇。最终，在执政官的催促之下，众人只好带着行李继续向前行去。

凯撒看着对岸悲愤交加而又无可奈何的众人，脸上露出冷笑：杀人者人恒杀之！他令众人迅速打扫战场，同时找工具在河上搭起一座简易的桥梁，继续追击埃尔维提伊人。

在接下来的几天内，凯撒并没有发动大的战争，即使埃尔维提伊人挑衅他也让士兵们竭力避战。因为，凯撒知道，自己首先需要解决的，是军队的粮食问题！

为了迅速解决这个问题，凯撒曾带着那拉坎特便衣探查过军营以及负责提供粮食的几个部族。在这探查过程中，凯撒了解到，并不是各个部族中的领袖不愿意配合自己，而是有人在私下里扯众人的后腿，阻止支援凯撒的军队。凯撒还从士兵的聊天中得知，军队中负责军粮的长官也与那些添乱的贵族有关系。

为了不造成太大的影响，凯撒在征得诸位首领的同意之后，将那几位添乱的贵族给囚禁了起来。同时，凯撒回到行营后，又亲自便衣去试探了一次那位负责军粮的长官，在对这名长官进行试探的时候，凯撒发现了一名特别出色的少年，经过询问，他才知道，这名少年竟然是因为崇拜自己才加入进来的普布利乌斯，是另一位巨头克拉苏的儿子。

5. 胜利了

解决了粮食危机之后，凯撒重新将关注的目光放在了埃尔维提伊人的身上。

这天，正当凯撒坐在行营中思考对付埃尔维提伊人的计策时，探子回报：埃尔维提伊人经过连续几天的逃亡之后，终于停了下来，他们选择了一个山脚，在那里安营扎寨，暂时休息。

听到这个消息后，凯撒一边走到画有地图的羊皮纸前，一边吩咐侍从将那拉坎特请过来。那拉坎特进来后，凯撒将新得的消息向他叙述了一遍，然后就静静地看着地图，在心中暗暗思索着可行的方案。

忽然，凯撒向那拉坎特问道："埃尔维提伊人所处的那座山峰，有没有其他的道路可以攀爬上去？"

那拉坎特看着地图，然后为凯撒指点着说道："从这个方向可以避开埃尔维提伊人现在所处的位置而登上山峰，只不过山峰险峻，恐怕只有一小部分人才可以成功登顶。"

凯撒的脸上露出了自信的笑容："一小部分人足矣！"然后，凯撒将自己的计策说了出来，听完之后，那拉坎特连声说道："大人，您的计策实在是太高明了，如果成功的话，将彻底终结这次的战争啊。"

在凯撒的计策中，派遣一部分士兵从山顶的另一侧悄悄攀登至山顶，然后凯撒率领着大军向埃尔维提伊人发起进攻，但大军的目的不是与埃尔维提伊人决战，而只是吸引他们的注意力。

当埃尔维提伊人向凯撒的大军发起攻击时，山顶的那部分人就乘机冲下山来，将埃尔维提伊人随军携带的粮食等辎重控制住，能带走的都带走，笨重难以携带的则就地损毁。

正是前些日子里，军粮的短缺让凯撒忙得焦头烂额，他才会想出这样一个计策。如果凯撒的这个计策能够成功的话，那么没有了军粮的埃尔维提伊人将不得不求和，成为罗马统治下的一员。

与那拉坎特就细节又商议一番之后，凯撒将登顶毁粮的任务交给了自己的副将拉频弩斯。拉频弩斯出发之后，凯撒又委任孔西第乌斯为先锋官，主要负责探查那座山峰的情况。将这一切都安排好之后，凯撒率领着大军向埃尔维提伊人扎营的方向缓缓逼近，只等孔西第乌斯传回拉频弩斯占领山峰的消息，就立即向埃尔维提伊人发起进攻。

然而，就在黎明时分，凯撒看到孔西第乌斯匆匆忙忙地赶了过来，他的心中忽然有了一种不好的感觉。果然，孔西第乌斯向凯撒汇报说，他看到凯撒计划中的那座山峰已经被埃尔维提伊人的同盟军给占领了，大军已经不适合继续前进了。

听到孔西第乌斯的话后，凯撒立即命令大军就近占领一座山峰，然后将四个身经百战的老兵团布置在半山腰的位置防守，将辎重以及新兵团留在山顶，作为应急军队。这样一来，从山脚向上望去，整个山峰到处都是凯撒的军队。

凯撒的军队刚刚按照指令进入到指定区域，埃尔维提伊人就已经到达山脚下，开始冲锋了。埃尔维提伊人来势汹汹，半山腰的老兵们也毫不惊慌，他们紧紧地握着手中的长矛，等待着敌人进入到自己的攻击范围之内。

近了，更近了……在指挥官的命令声中，罗马士兵纷纷将手中的长矛对着冲上来的人群抛了出去。埃尔维提伊人将手中的盾牌举起来抵挡，但是他们的盾牌根本挡不住罗马士兵锐利的长矛。落下的长矛击穿盾牌之后，紧紧地卡在了盾牌之上，冲锋的埃尔维提伊人一时也无法将长矛取下，只好放弃盾牌，但这时，又是一波的长矛被抛射了过来。

就这样，埃尔维提伊人在冲到罗马士兵的附近时，原本秩序井然的方阵已经被完全打乱，而且整个军团也有了不小的伤亡。这时，罗马士兵纷纷抽出腰中的长剑，自上而下冲杀过来。埃尔维提伊人很快就被罗马士兵分开，陷入孤军奋战的状况。

经验丰富的埃尔维提伊人也明白任由这种状况发展下去的话会对自己一方非常不利，但是他们仍然认为己方能够取得最后的胜利。埃尔维提伊人不相信，一直与凶猛的日耳曼人作战的自己会在血拼中败给罗马士兵，战况一时陷入了僵局。

突然一阵喊杀声从埃尔维提伊人的背后传来，并且直奔他们辎重集中的地方。埃尔维提伊人没有时间回头查看，站在山腰的凯撒却看得十分清楚：在敌人背后突然冲出来的正是深入敌后的拉频弩斯所带领的突击队。

这突然冲出来的生力军十分轻松地冲破了埃尔维提伊人的防线，到达了辎重所在的地方，他们没有任何迟疑，直接点亮火把，然后扔到了辎重之上。

远处看到拉频弩斯已经顺利完成任务的凯撒担心这些埃尔维提伊人狗急跳墙，给自己的军队造成巨大的损失，下令接应拉频弩斯的突击队，然后收缩防线，放埃尔维提伊人离去。

失去了辎重的埃尔维提伊人再也没有了作战的念头，他们甚至不敢再次做长久的休息，一路狂奔着向同盟的部族的赶去。他们很快就发现，原本还依附于自己的同盟者都摆出了一副拒不接受的面孔，不仅没有提供粮食，而且连住宿、躲藏的地方都没有安排。

愤怒的埃尔维提伊人立即就想通过武力解决这些事情，这时，罗马追击的士兵又快到了，他们只好继续踏上逃亡的道路。

这样的生活又过了几天之后，埃尔维提伊人的执政官终于醒悟了过来，如果自己坚持不向凯撒投降的话，恐怕整个部族都将会为自己的坚持而陪葬，于是，他又派遣了两名使者去见凯撒，不过，这一次，是去投降。

凯撒没有对他们斩尽杀绝，接受了他们的投降。不过，凯撒有个条件：埃尔维提伊人必须回到原先居住的地方，而且必须有身份尊贵的贵族留在自己的身边。作为对埃尔维提伊人投降的奖赏，凯撒命令阿罗布洛及斯人暂时保证埃尔维提伊人的粮食供给。

别无选择的埃尔维提伊人只好俯首称臣，同意了凯撒的条件。这场战争至此终结，凯撒也凭借着这场战争成功将高卢领地内最优秀的士兵都征集到了自己的军队中。

第四章　赶走日耳曼人

孤注一掷；胜败一举；采取断然手段。

——凯撒

1. 可怕的日耳曼人

战胜了野心勃勃的埃尔维提伊人之后，凯撒本想趁着这短暂的和平时期，好好地将自己名下的这些士兵再训练一番，就像自己曾经做千夫长时所要求的那样，让每一名士兵都能够增加在战场上生存下来的机会。但是，庆功宴上的一件事情改变了凯撒的决定。

因为这是凯撒到达高卢后的第一场战争，而且也成功地击败了埃尔维提伊人，凯撒决定举办一个盛大的庆功宴会，同时，也可以在宴会上同各部族的首领相互熟悉一下。

当凯撒的邀请函发出去之后，每个部族的首领都亲自赶到了现场祝贺。只不过，当宴会结束之后，这些首领并没有立即离去，而是由爱杜依人的首领作为代表向凯撒提出了一个请求：请求凯撒能够给他们准备一个安全的房间，让他们这些领袖在其中商讨一件事情，等他们的意见达成一致之后，再将商议的事情告诉凯撒。

凯撒惊异地望着眼前略显悲伤的爱杜依人首领，不知道这些首领为什么要借用自己的地方，最后凯撒还是同意了他们的请求。

就在这些首领们进入密室商议时，凯撒将那拉坎特请到了自己的书房，他将首领们奇特的举动告诉了那拉坎特，让那拉坎特帮助自己分析一下，究竟这些首领有什么秘密事情需要躲到自己这里进行商议的？

那拉坎特低头思索一番后，向凯撒说道："恭喜大人，您一统罗马的愿望就要实现了！"

凯撒盯着那拉坎特，眼中充满了疑惑，不知道这位智者为什么会突然这么说，不过，凯撒并没有问，他知道，那拉坎特一定会给自己一个合理的解释。

果然，那拉坎特继续说道："如果我没有猜错的话，众位首领的要求一定与日耳曼人有关系。"

"日耳曼人？"凯撒仍然觉得有些不解，日耳曼人一直与相邻的几个部族有所摩擦，但是不应该引起全部首领的关注啊。

那拉坎特只好接着解释道："大人，您在上任前肯定已经对高卢的情况调查过了，高卢曾经一直处于两个部族集团的争斗之中。这两个集团的领袖一个是爱杜依人，另一个则是阿浮尔尼人。

近些年来，由于爱杜依人与罗马的关系越走越近，阿浮尔尼人一方已经无法再与之抗衡了。于是，阿浮尔尼人索性直接投靠了日耳曼人，让日耳曼人成功地渡过莱茵河，踏上了高卢大地。

这些野蛮、血腥的日耳曼人对土地肥沃的高卢垂涎已久，借着这个机会，他们带领了1万多人过来，而且当这1万多人安定下来之后，他们又会通知更多的日耳曼人来到高卢大地。

爱杜依人一方极力抗争，无奈日耳曼人势力更大，经过一段时间的战争之后，爱杜依人的精英力量也丧失了许多，更加无法对日耳曼人造成威胁了。

一直以来，我都以为这些只是传言，不足为信，不过，今天听到您说的各位首领的怪异表现，我觉得，或许这些传言都是真的。而且，这些首领肯定都被日耳曼人威胁过，所以才会如此胆怯，躲到您这里商议事情。"

那拉坎特说完了，凯撒想了想，点点头，然后站起身，走到了大厅，等待着诸位首领。

不一会儿，所有的首领都走了出来，仍然是由爱杜依人的首领狄维契阿古斯。狄维契阿古斯所说的事情果真与那拉坎特的猜测一样。

不过，狄维契阿古斯说出了一件那拉坎特所不知道的事情：日耳曼人在成功击败诸多部族之后，还将每个部族中最为重要的人给囚禁起来做了人质，不仅如此，他还将所有的首领都集中起来，命令众人发下誓言：不得将日耳曼人入侵的消息通知罗马！而那天狄维契阿古斯正好有事情离开了高卢，因此誓言对他没用，所以，今天就由他作为代表将整件事情都告诉凯撒，希望能够得到凯撒的帮助。

狄维契阿古斯向凯撒叙述整件事情的经过时，凯撒向其他首领望去，希望能够从他们的表情中看出事情的真假，但是这一看，凯撒愣住了。

部族的首领每一个都是果断勇敢、智计过人，因此才会被大家推选为部族的带头人。然而，凯撒面前的这些人，一个个都神情惊悚、左顾右盼，仿佛身旁有人在监视似的。而在一干首领中间，塞广尼人的首领引起了凯撒的注意。

诸位首领听着狄维契阿古斯的诉说，都是一副不堪回首的痛苦模样，只有塞广尼人的首领，脸上没有任何的表情，双眼涣散无神，似乎整个人的灵魂都已经被冥王给带走，留在这里的不过是一副皮壳。

凯撒不禁向塞广尼人的首领问道："莫非塞广尼人仍旧生活在日耳曼人的庇护之下？"听到凯撒的问话，塞广尼人的首领身体一颤，似乎想起了什么，但是他没有回答，仍然是一副行尸走肉的模样。

这时，狄维契阿古斯替塞广尼人的首领说出了原因："在所有的部族中，塞广尼人是处境最凄惨的。当初是塞广尼人与阿浮尔尼人共同决定让日耳曼人踏入高卢领土的，然而日耳曼人渡河之后，就定居在塞广尼人的中心地带，将塞广尼人当做奴仆来使用。

"而且，日耳曼人十分残忍，稍有不顺心的地方都会狠狠地责罚塞广尼人。因此，虽然这里已经出了日耳曼人可以控制的区域，但是塞广尼人的首领仍然害怕日耳曼人得知今天的消息，所以不敢有任何表示，还请大人能够体谅他的难处。"

凯撒长长地叹了一口气：众人竟然如此地害怕日耳曼人，如果凯撒率军攻打日耳曼人时，他们能够提供的帮助肯定十分有限。不过，凯撒还是答应了众人的请求，说自己一定为想办法帮助他们解决这个问题的。

然而，当士兵们得知下一个敌人是日耳曼人时，军营中突然就充满了各种关于日耳曼人的传言，每一个传言都说日耳曼人勇武剽悍、不可战胜，是神魔一样的人物。传言越来越多，整个军营的上空都弥漫着一种恐惧的气息，甚至有许多士兵都找理由告假离开了军队。

2. 消除流言

当千夫长找到凯撒诉说了军队的状况后，凯撒大为震怒，他没想到，身经百战的士兵们竟然还没有见到敌人，就已经开始退缩了。愤怒归愤怒，凯撒知道，如果不能及时制止这些流言的传播，将危险的火种灭杀在摇篮中，那么自己名下的这些军队真的会因此而失去战斗力。

凯撒思考一番之后，将自己名下的千夫长都召集到自己的行营中，然后向他们命令道："立即将所有士兵都集合在演兵广场，由我来给大家做一场演讲。"安排完千夫长之后，凯撒还有些不放心，他又命人将那拉坎特请到自己的行营中，吩咐由那拉坎特带领一队士兵在军营中查找出传言的源头并严加惩罚。

这时，凯撒的亲卫进来汇报说，士兵都已经集合到演兵广场了。于是，凯撒离开行营向广场走去，他要在那里对自己的士兵们进行一次别开生面的演讲。

看着眼前无精打采的士兵，凯撒简直不能相信，这些人还是是与自己共同作战，击败埃尔维提伊人的高卢勇士么？凯撒的心中突然感到了一丝庆幸，幸好自己听到千夫长的汇报之后，将这件事当做了最重要的问题来处理，否则真的有可能造成严重的后果。

凯撒深吸一口气，向着士兵们喊道："罗马的勇士们，有人告诉我，说你们近些天来情绪很不稳定，有人害怕，有人哭泣，还有人逃跑！那么你们能告诉我，身经百战的你们是这个样子的吗？"

说完这句话之后，凯撒环视着眼前的士兵们，等待着众人的反应。然而，当凯撒的目光扫向人群时，他只看到一群脸色发红的士兵，没有等来一声坚定的回应！

"你们的表情告诉我，事实就是这个样子，你们在恐惧，你们在害怕！因为一些不切实际的谣言，你们，曾经的罗马勇士，就变成了一群贪生怕死、畏畏缩缩的懦夫！从今以后，你们就再也不要夸自己是身经百战的勇士了，因为你们不配！"愤怒的凯撒肆无忌惮地向士兵发泄着自己的怒火，他发现，已经有一些士兵扬起了头，一脸的不服！

"作为你们的统帅，我——盖乌斯·尤利乌斯·凯撒，也有恐惧的时候。但我害怕的是，日耳曼人踏入我们的领土，毫不顾忌地杀害我们的兄弟姐妹，无法无天地掠夺我们辛辛苦苦积攒的珍宝！我害怕看到我们的亲朋好友被残忍杀害而无能为力，我害怕看到漂亮的女儿被掠走，我害怕看到聪慧的儿子被充作人质，从此一生再无自由！

"所以，为了不让白发苍苍的父母再次劳作，为了不让美丽的恋人遭受战争的迫害，为了不让可爱的子女失去自由，我决定抛弃一切的恐惧与担忧，紧紧地握着战矛，向一切敢于挑战我们的敌人发起冲锋，将一切有可能威胁到我们幸福的敌人统统消灭掉！

士兵们，回答我，你们愿意将敬爱的父母暴露在敌人锋利的长矛前吗？"

"不愿意！"这一次，凯撒终于听到了士兵的回应，虽然声音还比较少，还有些杂乱。

"你们愿意看见美丽的恋人被敌人折磨吗？"

"不愿意！"声音渐渐大了，也整齐了许多。

"如果有人想要杀害我们的父母，折磨我们的恋人，囚禁我们的子女，我们应该如何去面对他们呢？"

"杀！杀！杀！"士兵们都举起了手中的长矛，拼命地喊了起来。每个人的心中都充满了怒火，恨不能立即冲到敌人面前，将手中的长矛狠狠刺入他们的身体。

这时，那拉坎特走到凯撒身旁，在凯撒的耳旁悄悄说了几句话，凯撒的脸上渐渐露出了一丝喜色。听完那拉坎特的话语，凯撒伸出手，向下压，示意激动的士兵停止发泄，等到整个演兵广场都安静下来之后，凯撒向大家喊道："士兵们，刚刚我们的大智者那拉坎特向我说了一件事，谣言的发布者已经被他找出来，并抓住了。这个人是我们的监粮官，他已经被日耳曼人给收买了，所以才会编造出恐怖的谣言来谎骗大家。我决定，立即处死这个谣言的发布者！"

"大人英明！"士兵们集体喊道。

其实，监粮官是被收买了，不过收买者却不是日耳曼人，而是负责给军队提供粮食的商人。这些商人担心，如果凯撒调遣大军与日耳曼人作战，那么他们运送粮食时，就需要走更多崎岖狭窄的山路，道路难行需要更多的时间，而且还有可能会延迟粮食送达的时间。这些都是商人所不希望看到的，所以，他们就收买了监粮官，让他派遣亲信在军队中散发谣言，希望能够打消凯撒与日耳曼人作战的想法。

当然，这些事情凯撒并没有全部告诉士兵，而且他还借助着这件事情成功挑起了战士们对日耳曼人的仇恨，改变了士兵们的精神面貌。

凯撒借助着这次演讲，成功地激发了战士们的战争欲望，即便如此凯撒并没有立即下令出兵，对日耳曼人展开攻击。凯撒还记得，当自己担任罗马执政官的时候，日耳曼人的首领阿里奥维司都斯曾经派遣使者求见过自己，希望能够与罗马共同进退。

凯撒想通过使者与阿里奥维司都斯进行交谈，如果阿里奥维司都斯同意的话，那么就可以避免两方兵戎相见了。想好之后，凯撒就将自己的条件写成一封信，然后派遣使者去见阿里奥维司都斯。

在信中，凯撒提出了两个条件：第一，日耳曼人立刻放掉手中所有部族的人质；第二，立下誓言从此不得向高卢各部族发起战争。此外，凯撒还写道，如果阿里奥维司都斯答应了这两个条件，那么罗马与日耳曼人的友谊就会长久保持下去。

不久之后，使者就返回了凯撒的住所，他向凯撒详细叙述了这次出使的经过，同时将阿里奥维司都斯所说的话语也原原本本地复述了一遍。阿里奥维司都斯没有直接拒绝凯撒的建议，他只是提出两方进行一次会谈，想与凯撒亲自就这个问题进行协议。

那拉坎特听到这个消息后，急忙劝凯撒不可答应，他认为狼子野心的阿里奥维司都斯肯定会趁着和谈的时候，想出诡计来暗算凯撒的。

不过凯撒经过一番思量之后，还是决定同阿里奥维司都斯进行和谈，他认为，即使有一些危险，如果阿里奥维司都斯真的有诚意，那么就可以避免将士们的伤亡了。凯撒派人与阿里奥维司都斯商议好和谈的时间和地点后，就准备前去了。

3. 来自元老院的阴谋

凯撒见无法阻止凯撒，便转变话语，开始劝解凯撒带着精英部队前去，这样能够保证谈判不利的时候顺利撤退。这一次，凯撒没有坚持，点头同意了那拉坎特的建议。

阿里奥维司都斯提出的和谈地点位于两军军营的中间区域，那里正好是一片平原地带，双方都无法布置伏兵。为了不让自己陷入包围之中，阿里奥维司都斯还提出，这次的会谈，双方都只能带着骑兵参加，步兵不准前往，凯撒答应了。

凯撒名下的士兵中，大多数都是步兵，他决定趁着这次和谈的机会，组建起一支自己的骑兵来。在附近部族的帮助下，凯撒将自己的亲卫团——第十军团成功打造成了一支骑兵军团。

谈判的这一天终于到了，凯撒带领着骑兵团到达约定的地点，对面阿里奥维司都斯也带着他的骑兵团到了这里。为了避开嫌疑，双方都是首领带着十名亲随向前，将骑兵团留在原地。

凯撒首先指责阿里奥维司都斯道："高卢各部族一直以来都是罗马最真诚的朋友，但是现在你们私自出兵，打破了高卢大地的和平局面，并且将罗马的朋友置于压榨、欺凌的地位，这是我们所不能忍受的。如果你能够及时悔悟，答应我的条件，那么日耳曼人与罗马的友谊还可以继续下去；若你执迷不悟的话，那么恐怕日耳曼人就要承受罗马的怒火了。"

阿里奥维司都斯笑道："我的朋友，到现在你还是如此的能言善辩，我不得不佩服你啊，哈哈。"

"首领此话何意？"凯撒不动声色地问道。

阿里奥维司都斯冷笑道："高卢的各个部族名义上是罗马最忠实的盟友，但是谁都知道，他们不过是罗马的下属而已，罗马的元老院又何曾将之视作朋友了？再者，我们日耳曼人可是受到部族的邀请才会到来的，算不得入侵。"

听到阿里奥维司都斯的解释，凯撒也冷笑起来："曾听闻日耳曼人的首领勇猛过人，不善言辞，今日一见，传言不实啊。首领现在的这个地位，不会也是凭借着犀利的言辞得到的吧？"

凯撒的这话，把阿里奥维司都斯气得不清，因为日耳曼人并不轻视辩论之术，但是生活在残酷环境中的他们，更加重视身体的强健与性格的勇猛。而凯撒所说的阿里奥维司都斯凭借言语而成为首领，则代表着对阿里奥维司都斯武力的怀疑。

不过，阿里奥维司都斯很快就将自己激动的心情平复了下来："将军果真非同常人，不过，罗马恐怕并不是由您来做主的吧？或许，在罗马中，还有比我们更希望您死亡的呢？"说着，阿里奥维司都斯命令一名亲卫将一封信送到了凯撒的手中。

凯撒打开信看完之后，才知道，这封信竟然是元老院的小加图等人写给阿里奥维司都斯的，他们竟然允诺，如果阿里奥维司都斯能够率领军队击败并击杀凯撒，就允许他们日耳曼人永远地居住在高卢大地之上。

看着这些赤裸裸出卖，凯撒只觉得一阵愤怒从心底升起，恨不能立即率兵将小加图等人全部囚禁起来，严厉责问他们：究竟是个人权利重要，还是整个国家的利益重要？再者，莫非小加图他们想要的只是一个空有霸主之名而无霸主之权的罗马？

这时，凯撒对面的阿里奥维司都斯见到凯撒大口大口地呼吸，而且眉毛都有竖起来的迹象，明白凯撒已经濒临爆发的边缘，他的心已经乱了。于是，阿里奥维司都斯将手藏在背后，悄悄对着远处的骑兵打了个手势。

不久之后，凯撒留在原地的骑兵中就有一名骑兵离开军团，向凯撒的方向跑了过来。"得……得"的马蹄声惊醒了陷入愤怒中的凯撒，这时，跑上前的骑兵向凯撒说道："将军，在我们骑兵军团的侧翼突然出现了一队日耳曼人的骑兵，他们不停地扔石头向我们挑衅，全团都请战！"

凯撒抬头发现了阿里奥维司都斯嘴角的那一丝笑意，明白，这必然是阿里奥维司都斯的阴谋，不过，今天凯撒的心已经乱了，这种状态已经不再适合谈判，因此，凯撒直接带领着骑兵团返回了军营。

这一夜，凯撒一个人在行营中静坐了很长时间，就连那拉坎特求见也被他拒绝了。凯撒想一个人坐下来静静地思考一些问题。他思忖着，为什么元老院的小加图等人会勾结阿里奥维司都斯来对付自己？如果为了对付自己他们就可以放弃高卢，那么比自己势力更大的克拉苏、庞培呢？为了对付他们两人，小加图等人是不是会放弃更多的罗马领土？

凯撒痛苦地望着罗马的方向，他不知道，如果这样的人成为了罗马的主宰，那么罗马还会有未来么？这段时间里，凯撒一直为了避免战争而想方设法地放低自己去与阿里奥维司都斯进行谈判，却没有料到，罗马的元老院早就放弃了自己，甚至希望自己身死此地！

想着想着，凯撒的眼睛渐渐亮了起来，原本凯撒希望可以避免战争，让自己的领地更加和平与富饶，同时也可以重新对士兵们进行操练，让新老士兵在操练过程中能够更加默契的配合。但是，小加图的这封信却让凯撒明白了：自己已经是小加图等人眼中不可不除的威胁了，如果不能迅速壮大自己的力量，或许，高卢就将是自己的葬身之地了！

想明白这些之后，凯撒再无半分犹豫，他立即手书三封信，一封给克拉苏，一封给庞培，最后一封则给自己在元老院中的代言人——克洛狄乌斯。在这三封信中，凯撒的意思只有一个：给小加图等人制造麻烦，让他们无暇来关注自己。

第二天一大早，凯撒就命人快马加鞭将这三封信送了出去。同时，凯撒也命人收拾行囊，向着日耳曼人的方向前进，时刻准备战斗。

4. 诡异的敌人

凯撒军队前进的消息很快就传到了日耳曼人首领阿里奥维司都斯的耳中，他没有想到拿出元老院写给自己的那封信竟然会让凯撒做出如此激烈的反应。不过，阿里奥维司都斯并没有害怕，他相信自己一定能够击败凯撒，然后永久地霸占着高卢。

阿里奥维司都斯对自己的骑兵团非常有信心，但是他也不愿同凯撒的大部队进行正面交锋。他很遗憾谈判的那天没有与凯撒的骑兵团交锋，不过从挑衅的那些士兵口中，阿里奥维司都斯就可以判断出凯撒的骑兵军团成立的时间不会很长。

因此，阿里奥维司都斯决定发挥出己方骑兵的优势，不断地骚扰凯撒的军团。同时，他还命令手下的探子，时刻关注着凯撒后方部族们运送粮食的消息。如果发现了运粮的队伍，骑兵团可以不用等待消息，直接抢夺！

不仅如此，阿里奥维司都斯还派遣使者向凯撒说，上次的谈判被中途终止，他回去之后思量再三，也觉得有继续下去的必要，请求凯撒同意再次谈判。他还提出了一个要求，那就是地点定在日耳曼人的行营中，至于时间，则由凯撒决定。

凯撒与众多将领听完那名使者转述的话语后，将领们大怒，一个个站起身，更有急躁者直接就要扑过去杀死使者！这时，凯撒挥挥手，止住了众人的行动。

众人更急了，他们担心凯撒会同意阿里奥维司都斯的这个建议，于是赶忙劝解凯撒，希望能够打消凯撒的这个念头。

听到大家的劝解后，凯撒笑着点点头，然后示意侍从将使者带出去。

看到使者离开行营后，就连那拉坎特也坐不住了，他站起身向凯撒说道："大人，阿里奥维司都斯此人阴险毒辣，而且野心勃勃，他是不会轻易放弃高卢这块嘴边的肉的，您可千万不能以身涉险啊！"

凯撒哑然失笑："莫非大家都以为我会如此的鲁莽行事么？"

众人沉默着，大家都极为信服凯撒的计谋，但是因为上一次凯撒就在众人的劝说中答应了谈判，大家害怕这一次凯撒还会如此做，所以才如此地失态。

扫了大家一眼，凯撒便猜到了他们的心思，于是向众人解释道："上一次我之所以提出与日耳曼人进行谈判，主要有两方面的原因：其一，日耳曼人毕竟也曾与罗马交好，如果我们贸然出兵的话，则对方就会站在正义的一方，对我们极为不利；其二，我们的大多数士兵都骁勇善战，敢打敢拼，但是毕竟还有许多的新兵，因此，我们需要时间来让大家相互熟悉，让新兵更快的成长起来，阿里奥维司都斯的反应也在我的预料之中。

"不过，这一次就不同了。我们已经向日耳曼人表达过诚意了，是他们固执地放弃了那次机会，而且，近日来他们的小股骑兵不断对我们进行骚扰，这也足以看出他们的态度了。"

大家一直都在担心凯撒的安全，并没有想这么多，听凯撒解释完之后，仔细想想，还真是这么回事，就连一向有"智者"之称的那拉坎特也不禁暗自叹服。

再次环视一圈之后，凯撒又说了一句话："我决定，答应日耳曼人的请求，再次谈判！"

"什么？"

"大人，不可！"

"……"

凯撒的这句话就如同晴空一个炸雷，将众人都给炸晕了，他们不知道，为什么统帅都已经看出了日耳曼人有阴谋，却还要答应这样的要求，这不是明知山有虎，偏向虎山行么？于是，焦急的众人急忙阻止他的想法，整个行营中一时都是诸人的劝说声。

见到众人又因为自己的一句话而躁动起来，凯撒只好静静地坐着，等待着众人安静之后再解释。这时，原本也想张口劝说的那拉坎特注意到凯撒的脸上毫无犯险的神情，转睛一想，便明白了凯撒的心思，于是低着头又坐了回去。

慢慢地，更多的人发现了凯撒与那拉坎特的异样，他们并不是十分清楚究竟是怎么回事，不过还是退回到自己的座位上，等待着凯撒的计划。

等众人都回到了自己的座位上之后，凯撒才又接着说道："谈判可以继续进行，但这一次谈判的使者却不再是我，我决定任命普洛契勒斯为此次谈判的使者，全权负责谈判事宜。"

众人悬着的心终于放松了下来，只要凯撒安全无恙，才有探讨其他事宜的机会，于是纷纷表示赞成。

出使的事情告一段落之后，凯撒又向众人道："近日来，日耳曼人的小股骑兵不断对我们进行骚扰，没有对我们造成实质伤害，也应当引起我们足够的重视。自今日起，由那拉坎特带领两个千人队负责运粮队伍的安全，一旦发现对方大队伍，立即发出警报，务必要保证粮食按期送到，其他的，就等普洛契勒斯出使完之后再安排吧。"

第二天，被凯撒任命为使者的普洛契勒斯就出发了，他知道，这次得到任命，不仅任务艰巨，而且还是对自己的一个考验，如果无法得当处理,那么即使自己在日耳曼人的手中逃得性命,回去之后也要被凯撒处死。

普洛契勒斯的家族是从他的父亲开始才被授予罗马公民权的,对他本人来说,这次的任务不仅是对智慧的考验,更是对忠诚的考验。

然而,当普洛契勒斯走入阿里奥维司都斯的行营之后,他还没有来得及说话,就见阿里奥维司都斯一挥手,一队日耳曼士兵走过来,粗鲁地将他带到了牢狱之中。

当凯撒得到普洛契勒斯被囚禁的消息后,他立即命令各个军队在行营外列队,摆出两军对抗的战阵,以应对日耳曼的骑兵。

只是,在之后的几天内,他们不仅没有看到日耳曼人的步兵团,甚至连原先时常骚扰的日耳曼骑兵团也不见了影踪。凯撒百思不得其解:这究竟是怎么回事呢?

由于不知道对方搞什么名堂,凯撒也只好让大军稍事休息,加强行营的防守力量,同时,带领大军一步步向前逼去。

5. 那拉坎特的奇谋

这一天,凯撒正坐在行营中思索着如何击败日耳曼人时,忽然一名亲卫走了进来:"大人,前方侦查队回报说捉住了地方的两名侦查士兵,请求大人前去。"

凯撒眼睛一亮:捉住了地方士兵,就能够知道他们平静的背后究竟隐藏着怎样的阴谋了。他立即让士兵喊来那拉坎特,然后动身向侦查队所处的地方赶去。

当凯撒与那拉坎特到达侦察队的行营后,审讯已经结束了,侦察队的带队将领向凯撒禀报了一个好消息：日耳曼人并非不想进攻，只不过，他们在出兵之前，都会请随军的占卜师请示神谕，如果神谕出兵不利，那么他们就会坚守不出，直到神谕改变为止。

然而，这一次，神并没有站在日耳曼人一方，占卜师为他们占得的结果是，新月出来之前，不得作战，否则必败！

正因为有了这个神谕，阿里奥维司都斯不仅没有再向罗马士兵进攻，而且将骚扰的骑兵团也召了回去，并且将所有同盟军的士兵都驻扎在一起，防止罗马士兵突然攻入。

听到这个消息后，凯撒与那拉坎特对视一眼，然后表扬了一番侦察队的全体士兵们，就离开了。

返回凯撒行营的路上，那拉坎特一直皱眉深思，如何利用日耳曼人的神谕，成功击败他们。终于，在即将到达的时候，他想出了一条计策：利用己方人数上的优势去击败对方。

凯撒和那拉坎特都明白，日耳曼人拉拢的同盟部族中，许多都是被他们强行逼迫而来的，如果可以将他们分开，然后集中优势兵力击败日耳曼人，那么这个联盟也就可以终结了。

那拉坎特向凯撒说出自己的想法之后，凯撒没有说话，他低着头，右手轻轻抚着扶手，左手抵着额头，思考着如何能够将己方优势发挥到最大。

最终，凯撒抬起头，两只手都放在扶手上，宣布将所有的将领都召集到自己的行营中。

当所有人都到达凯撒的行营后，凯撒命令，将军团分成三部分，他带领一部分人攻打日耳曼人的右翼，因为那里的日耳曼人最为聚集。其他的两个军团，则齐头并进，遇到敌人后围而不攻，如果敌人强烈反抗，那么也不用留情。

随着战争的号角声响起，凯撒的士兵分成三路，漫山遍野地向敌人压了过去。得到消息的阿里奥维司都斯惊呆了，他没有想到，凯撒竟然会用这种方法来与自己对战，不过，面对着黑压压冲过来的士兵，他也只好命令将自己的士兵也分成三部分，用以对抗凯撒的士兵。

同时，为了避免其他的部族趁机逃跑，阿里奥维司都斯竟然下令，将所有的老人、妇女、儿童都不论部族的赶到军队放置辎重的地方，然后派遣重兵将这个地方团团围住，保护起来。

其他部族虽然明白，自己的亲人被严密地监视了起来，但是想想日耳曼人残忍的手段，他们只能含着泪花赶往分配到的领地，做好战斗的准备。

阿里奥维司都斯正处于凯撒进攻的这一个方向，他知道凯撒军团轻矛的厉害，因此，他命令骑兵们即刻出击，在进入凯撒军团轻矛的攻击范围之后，就全速奔跑，用骑兵的优势去消灭凯撒的步兵。

日耳曼人的骑兵不仅骑术精湛，而且武技也非常高，同时，骑兵向前发起冲锋的时候，每一位骑兵的身旁都紧紧跟随着一名步兵，而且骑兵相互之间的距离也不会很大。如果有骑兵不幸落马，那么他身旁的步兵就会迅速围拢过来，将骑兵保护起来。如果需要发起冲锋，步兵就会抱住马脖子，紧紧地贴在马身上，与骑兵共同进退。

不过，骑兵的数量毕竟不是很多，阿里奥维司都斯又命令自己的步兵们举起手中的盾牌，在骑兵身后向前慢慢推进。日耳曼人的骑兵队伍在发起一次冲锋之后，发现罗马士兵都已经抛掉手中的轻矛，抽出腰间的长剑冲了过来，于是，他们急忙奔向了远方，将作战的任务交给了步兵团。

这时，阿里奥维司都斯突然注意到，凯撒举起手中的长剑，左右一晃，然后剑尖向前猛地一刺，凯撒的这个动作做完之后，罗马军队立即有了动作，在最前排冲锋的士兵突然就开始向两方跑去，而中间则有士兵迅速地补充了上来。

看到补充上来的士兵后，阿里奥维司都斯的心激烈地跳动起来：那些士兵的手中都拿着轻矛！他急忙命令骑兵再次冲锋，但是已经晚了，只见一排密密麻麻的轻矛从空中掠过之后，己方最靠前的士兵都倒下了。

其他士兵急忙举起盾牌，继续向前推进，但这时，凯撒的军队已经从两侧冲了过来，他们纷纷跳上日耳曼人的盾牌，然后用长剑向下刺杀。接到阿里奥维司都斯命令的骑兵们在救援时，被横穿出来的普布利乌斯带领的骑兵阻拦并包围了。

随着交战的时间越来越长，局势的发展对日耳曼人也越来越不利，阿里奥维司都斯长叹一声，他知道，这一次，自己是彻底的失败了。为了保存实力，他不得不下达了撤退的命令。

然而，阿里奥维司都斯很快便意识到，自己再次犯错了。因为，所有的士兵在听到撤退的命令下达之后，再也没有人去抵挡罗马的士兵，大家为了能够迅速逃离战场甚至扔掉了手中的武器。

这个时候大家似乎都忘记了身旁奔跑的这个人是自己的战友、自己的兄弟，每个人都拼尽全力地向前冲着，恨不能用身旁这个人的生命为自己争取一些奔跑的时间。

骑着战马的阿里奥维司都斯最先逃到莱茵河，在那里，他发现了一条系在岸边树上的小船。阿里奥维司都斯没有任何犹豫，急忙跳上船，一剑斩断绳子然后向对岸划去。但那些日耳曼士兵就没有这么好运了，虽然那些年轻力壮的士兵没有任何停留，直接跳下河希望能够逃脱一劫，但是仍然被罗马士兵追上杀了。

至此，侵入高卢大地的日耳曼人只逃走一个首领——阿里奥维司都斯，其他人都永远留在了高卢。

第五章 平定高卢

> 我来，我见，我征服！！！
>
> ——凯撒

1. 挥军西北

　　击溃日耳曼人之后，凯撒并没有命令士兵乘胜追击，而是留下些许驻军之后，带领其余士兵返回了内高卢。他觉得，高卢大地已经经历了太多战火的摧残，应当有一段和平生活的时间了。

　　只不过，令凯撒愤怒的是，和平的生活他并没有能够享受很久。最近几天，探子们又开始不停地奔波劳碌，他忙碌的身影，让即使是生活在城中的百姓们都感觉到了战争的气息。看着堆积在自己面前的羊皮纸，凯撒不禁再次叹口气：战争，终究还是来了！

　　这些天来，所有送到凯撒面前的消息其实都是关于一个同盟的——比尔及同盟。在消息中，凯撒得知，加入比尔及同盟的部族势力已经占据了整个高卢三分之一的土地，而且他们仍在不断发展新的部族加入进去。

　　持续壮大的同盟已经足以对凯撒的军队构成威胁了，他不得不向休整的士兵发出命令：停止休整，暂停训练，全军向西北出发！

　　凯撒能够猜想出来，这些西北的部族之所以能够在如此短的时间内结成同盟，肯定有人在推波助澜，而他们的目的也不外乎这两个：其一，不想让罗马士兵在高卢驻扎，害怕等这些士兵休整过来之后，就会攻打自己的部族；其二，野心勃勃，想要借助对抗罗马士兵的这个借口，实现自己称王的目的。

　　无论这些推波助澜者是出于哪一个目的，凯撒都无法容忍他们的存在。当初他与庞培、克拉苏结为同盟时就已经想好了：高卢大地上，有且只能有一个声音，而这个声音则是由凯撒发出的。

出发之前，凯撒又得到一个消息：比尔及人同盟中的各个部族已经达成协议，相互间交换了人质，同时将大部分军队都向同一个地方集中。凯撒意识到，自己一方的士兵很有可能会在人数上失去优势，于是，他马上下发征兵令，在内高卢开始新一轮的征兵。

在征兵的同时，凯撒还命令周围部族帮助自己准备好军队所需的粮草，等到征得新兵的数量达到两个兵团的时候，凯撒就立即带着这些青涩的士兵押解着粮草向比尔及人同盟的方向赶去。

经过十五天的长途跋涉之后，凯撒终于带领着这两个新兵军团到达了比尔及人同盟的边境，与副将奎因都斯·比迪乌斯所带领的军团会合在了一起。

会合之后，凯撒下令让军团暂作休息，同时多多派遣探子前去查探比尔及人同盟的消息。凯撒希望这次战争过后，能够将这片土地也划入罗马的版图之中。他要求探子们不仅要对眼前即将进攻的城镇展开详细的探查，同时还要将整个比尔及人同盟的动向都打探清楚，然后汇报回来。

凯撒在探听比尔及人同盟消息的时候，比尔及人同盟中也得到了凯撒到来的消息。早在行动之初，比尔及人同盟就已经猜到凯撒会亲自前来，他们没有想到的是，凯撒竟然会如此迅速，他们的军队都还在路上，凯撒已经兵临城下了。

就在同盟中其他首领感到诧异的时候，凯撒对面的雷米人已经感到恐慌了，凯撒的威名早已传遍了整个高卢，他们害怕凯撒会向对付那些日耳曼人一样，将雷米人整个部族都给灭了。

雷米人的首领同部族的长老商议之后，决定向凯撒投降，为表诚意，首领亲自担任了出使的使者。凯撒得到消息后，在行营中，为雷米人首领举行了隆重的欢迎仪式，而且他还做出承诺，只要雷米人不背叛罗马，罗马将会永远庇护着他们。

凯撒的重视明显发挥了很大的效果，雷米人首领当下就表示，雷米人将全心全意地为罗马服务，不仅将会为凯撒提供粮食以及财务的支持，而且他们的士兵也会与凯撒一起并肩作战，一起击败那些野心勃勃的乱臣贼子，还比尔及人生活的土地一个安宁。

同时，从雷米人首领的口中，凯撒也得知了比尔及人同盟兵力的总数以及分布情况。正当凯撒自以为对比尔及人同盟有了一定的了解时，雷米人首领的一句话又引起了凯撒的警惕。雷米人首领告诉凯撒，在这个同盟中，其实还有许多的小部族也不乐意加入，但是无奈同盟发起者使洛瓦契人不仅人数众多，而且士兵英勇善战，不可抵挡，这些小部族不得已才会宣布加入。

凯撒暗暗点点头：事情果真与自己猜想得一样，其实大多数人都不愿意发起战争，只不过是迫于发起者强大的武力不得已而为之。想到这里，凯撒向雷米人首领说道："如果现实情况果真是这样，那么当我们的军队到达各个部族之前，只要不抵抗的部族，我们都会重新接受他们成为朋友，你看这样安排怎么样呢？"

雷米人首领明白，做出这个决定已经是凯撒看在对自己赏识的份上了，他也不敢再奢求凯撒做出更多的承诺。在见到罗马士兵精良的装备以及别具一格的训练方法，雷米人首领的心中非常清楚：这一次比尔及人同盟必定会失败，因此急忙向凯撒行礼："我就替那些无辜的部族谢过您的宽恕。"

接下来，凯撒又与雷米人首领交谈了一会，对整个比尔及人同盟的组成以及规模都有了一定的了解。同时，凯撒又着重询问了使洛瓦契人现在的实力，听到雷米人首领说，使洛瓦契人虽然勇猛有加，但是他们的装备却无法与罗马士兵相比，相对而言，罗马士兵还是非常占据优势的。

听到这句话之后，凯撒感觉自己终于解除了连日以来最大的困扰，他马上召集来那拉坎特与副将奎因都斯·比迪乌斯，与他们共同商议对战比尔及同盟的政策。

经过一番讨论之后，三人仍然没有想出具体可行的计策，最后，三人只能达成一致：不分兵，直接前进，趁着对方的大军都在路上，来不及回援，逼迫更多的部族投降。

2. 首战告捷

正当凯撒三人定好策略之后，一名亲卫忽然走进凯撒的行营，汇报道："将军，雷米人派遣使者求援。"

凯撒一惊："快将使者带进来。"

雷米人派遣的这名使者进来后，凯撒发现是自己曾经见过的，心中不由信了几分。而且，使者不管在进入凯撒行营之前，竭力整理过自己的形象，脸上的疲惫与焦急是无法去除的。

使者在简单的行过礼后，就急忙向凯撒叙述了这次的任务：原来，比尔及人同盟中各个部族在得知雷米人未曾抵抗就投降了凯撒后，都开始在心中有了自己的小算盘，对使洛瓦契人首领的命令也开始阳奉阴违起来；而使洛瓦契人等主战部族则从心底恨透了雷米人，看到身旁的小部族都开始心口不一，使洛瓦契人首领明白，如果自己不做点什么的话，恐怕同盟不需要凯撒攻打，就自行崩溃了。

于是，他下令，靠近雷米人城镇的军队立即向雷米人发起进攻，务必要歼灭雷米人这个同盟军的叛徒。

而他们选定的第一个目标是比勃辣克斯。比勃辣克斯是属于雷米人的一个市镇，防守的士兵并不是很多，比尔及士兵首先将比勃辣克斯团团围住，然后从四面八方开始向城墙上投掷石块，直到将城墙上的守军都赶下去为之。

等城墙上空无一人时，比尔及士兵就会驾起盾牌，潜伏到城墙之下，在那里开始挖掘地洞，虽然这种方法非常耗时间，但是对付比勃辣克斯这个市镇却非常合适。雷米人的士兵被石块压制得无法登上城墙，也就无法对敌人进行有效的杀害了。

最终，比勃辣克斯的行政长官只好命令一队骑兵突围出去，向凯撒求援。当这一队骑兵成功冲出层层包围圈之后，就只剩下一名队员了，他担心直接找凯撒的话，或许凯撒会因为不认识而将他当作间谍，于是，就先去找雷米人首领求助了。

使者说到这里停了下来，然后向凯撒请求道："将军，求您救救可怜的比勃辣克斯吧，那里的百姓也是您的子民啊！如果您不出兵的话，恐怕他们在顷刻之间就要城破人亡了。"

这时，凯撒再无疑虑，他立即派遣奎因都斯·比迪乌斯率领着弓弩手、投石手前去支援，同时，凯撒还给奎因都斯·比迪乌斯提供了一个大队的骑兵，让他们立即出发，前去援助比勃辣克斯。

正在攻城的比尔及人同盟军看见奎因都斯·比迪乌斯带领的军队到来之后，担心还有援助部队在路上，因此不敢恋战，都开始向后撤退。这时，在比勃辣克斯城中的指挥官发现了援军的到来，于是下令打开城门，追杀敌军。

在罗马与雷米人军队的夹击之下，比尔及人再也无法从容地撤退了，他们纷纷脱掉沉重的铠甲，扔掉行动迟缓的辎重，自顾自地逃跑了。就这样，比勃辣克斯城的危机解除了。

不过，凯撒也明白，这次的失败会更加刺激比尔及人中的那些主战派，甚至可能招惹来不顾一切的疯狂报复。为了避免比尔及人同盟的军队都聚集到一起，利用人数优势对罗马大军形成压制，他想出了一计。

在凯撒的计策中，他统帅着大军与比尔及人同盟大军对抗，同时由爱杜依人的首领狄维契阿古斯带领一部分士兵去比尔及人的后方进行骚扰与招揽。凯撒希望，狄维契阿古斯带领的士兵能够从内部分化比尔及同盟，让那些摇摆不定的小部族产生危机感，不再对同盟抱有任何幻想，从而将自己的士兵撤回去。

当然，这条计策最重要的环节还在凯撒的身上，因为，只有凯撒率领着大军将比尔及人同盟的大军击败，狄维契阿古斯的任务才会完成得更加轻松。与那拉坎特商议许久之后，凯撒决定选好地形，等待着比尔及大军的到来。

凯撒将营地选在了一个山谷之中，在营地之前是一片空地，空地的面积正好能够让罗马大军摆出战阵来。而且，如果比尔及士兵要来阻挡时，他们将不得不在凯撒大军的对面安营扎寨，两军中间则有一小块沼泽地，无论哪一方想要渡过，都会成为对方军队的靶子。

战争一时之间陷入了僵持状态，交战双方除了轻骑兵偶尔会爆发一些摩擦外，大军每日操练战阵，从未参加过争斗。比尔及人终于忍耐不住了，他们想悄悄绕过凯撒的大军，从背后切断罗马军队的给养，即使无法彻底断绝，至少也可以对雷米人的领土进行破坏。

他们的计划被凯撒知道了，他思索一番之后，决定将计就计，趁着这个难得的机会，将比尔及士兵彻底地击溃，让他们明白罗马士兵的厉害。

凯撒命令轻骑兵、弓弩手、投石手分出一半埋伏在比尔及士兵的必经之路，比尔及士兵到达的时候正好处于疲惫状态，而凯撒的士兵都已经等待许久了，只要士兵们能够一鼓作气消灭这些比尔及士兵，在这场对峙中，凯撒和他的军队就胜利了。

决定胜负的这一夜终于到来了，因为害怕对面的大军也会趁着夜色强行渡河，凯撒命令侦查的士兵这一夜必须时时刻刻地盯着对方的营地，有任何风吹草动都要在第一时间通知自己。

然而，当凯撒半夜被叫醒后，虽然对方营地中有了意外状况，而且看上去就如同败军逃亡一样，但是凯撒却不敢让士兵有所行动，他害怕这是对方的一个计策，坚决不让士兵出战。

直到天色大亮，侦查的士兵再三确认对方逃跑的消息后，凯撒才命令军营中剩余的轻骑兵进行追击。虽然出发的比较晚，但是轻骑兵们最终还是追杀了一部分敌军，他们一直追击到凯撒所说的界限处才停了下来，向营地方向慢慢回返。

从俘虏的口中，凯撒得到了一个重要的消息：比尔及人同盟军中各部族在得知偷袭军队被凯撒的军队设伏击溃后，相互之间就产生了强烈的怀疑感。部族的首领都知道，他们之间的合作经此一役再也无法像曾经那样亲密无间了，于是，众人约定就此退兵，等到各部族被罗马士兵攻击的时候，再相互支援。

达成一致之后，部族首领们就开始带领着自己的士兵撤退了，而且由于首领们心中的那份怀疑，众人都不肯成为最后一个撤离的，所以凯撒才会见到比尔及人同盟军一盘散沙似的撤退情景。

3. 中埋伏了

知道了比尔及人同盟军溃逃的真正原因后，凯撒的心中有一丝遗憾，不过他很快就调整了自己的心态，现在比尔及人同盟军已经不再像曾经那样一条心了，正是罗马士兵乘胜追击的好时机。

于是，凯撒没有让士兵休整，而是直接催促着众人继续向前逼近，比尔及人同盟中众多部族刚刚被罗马士兵击败，即使是附近的部族被攻击，恐怕他们也没有士兵可以救援了。

就在凯撒率领着士兵向前逼近的路上，他遇到了狄维契阿古斯小队，不过，小队中明显多出了一些比尔及人。狄维契阿古斯向凯撒介绍道，这些人都是伸洛瓦契人，是比尔及人中与爱杜依人最为亲密的伙伴与朋友。

而这一次伸洛瓦契人之所以会同罗马作战，主要也是因为在部族中有一些奸诈之徒被人收买而散布消息，说爱杜依人生活过得极其凄惨，不仅成为了罗马人的奴仆、没有任何的自由，而且还要忍受罗马人不时的侮辱与折磨。信以为真的伸洛瓦契人愤怒不已，决定同罗马人展开斗争，挽救自己的兄弟——爱杜依人。

当狄维契阿古斯站在他们面前的时候，众人都不敢相信，他们还以为他是偷跑出来的，纷纷冲上来拥抱他、亲吻他，并且要为狄维契阿古斯举行一个盛大的仪式，以庆祝他成功脱离苦难。

狄维契阿古斯被伸洛瓦契人表现出来的热情吓了一跳，当他问明缘由之后，双眼都湿润了。不过，狄维契阿古斯也明白，现在是自己告诉这些亲密伙伴真相的时候了，他站在一处高地，向大家详细叙述了弥漫在比尔及人同盟上空的阴谋，并且也告诉了大家爱杜依人现在的处境。

随后，狄维契阿古斯向大家提出了自己担负的任务，希望大家能够在明白真相之后，不再与罗马士兵作战。伸洛瓦契人的首领没有任何犹豫，直接就同意了狄维契阿古斯的建议，他们出兵本就是为了拯救爱杜依人，现在得知爱杜依人安然无恙，他们也就没有了继续作战的理由。

不过，当大家开始寻找那几个散步谣言的族人时，才发现，那几个人在看到狄维契阿古斯后，就知道情况不妙，于是匆匆忙忙地逃走了。

明白了这一切前因后果，凯撒决定同意接受伸洛瓦契人的投降，不过由于他们是比尔及人同盟中的一个大部族，无论人数还是武器都比较多，因此，凯撒提出一个条件：他们必须将手中的武器上缴，同时还需要提供六百名重要人士作为人质。

凯撒说完这个条件之后，就静静地盯着伸洛瓦契人的首领，等待着他的决定。然而，让凯撒感到出乎意料的是，伸洛瓦契人首领不仅答应了凯撒的条件，还表示可以亲自作为人质，在战场上冲锋陷阵。

伸洛瓦契人首领的态度让凯撒打消了心底的最后一丝怀疑，他已经明白，这些勇敢、强悍的伸洛瓦契人有着一颗金子般的心，他们会真诚地对待朋友，也会毫不留情地杀死敌人，他们才是天生的战士。

收服伸洛瓦契人之后，凯撒即将面对的敌人是纳尔维人。那拉坎特曾经向凯撒介绍纳尔维人时这样说："纳尔维人拒绝任何与武器、力量无关的事物，在他们的部族中，只有武力强横的人才会获得尊敬。所以，如果想要说服他们投降，那是根本不可能实现的事情。"

想到这里，凯撒明白，这场战争是无法避免了。不过，凯撒的心中并没有任何的害怕与担心，有的只是兴奋与激动，他知道，只要能够在正面交锋中击败纳尔维人，不仅能够激励士兵，提高他们的士气，而且很有可能将纳尔维人收为己用。

伸洛瓦契人的事情结束后，凯撒直接带着士兵向着纳尔维人的城镇赶去，他希望能够在纳尔维人请到盟友之前就进行决战，一举击败对。

然而这一次，凯撒却失算了。

纳尔维人虽然极为崇尚武力，但是他们并不是一无所知的莽野夫。当他们得到洛瓦契人已经投降罗马的消息后，就知道凯撒的下一个目标肯定就是自己，勇猛的纳尔维人根本就不认为罗马士兵可以击败自己，但是他们也害怕在人数上会差很多，而被围攻。

纳尔维人在凯撒还没出发之前，就向周围的两个部族发出了求救的信号，两个部族出于对纳尔维人的信任，迅速派出了援助队伍，希望能够在打败凯撒之后分得一杯羹。当三个部族的士兵聚集在一起之后，他们探得凯撒的军队正朝这个方向赶来，于是决定埋伏在最适合安营扎寨的地方，在那里围歼罗马军团。

对此毫不知情的凯撒发现前方再无更宽敞的地方后，就下令军队原地修建防御工事、安营扎寨。他没有想到的是，自己选定的这个地方周围已经埋伏了大量敌人，就等己方筋疲力尽时进行致命一击！

向士兵下达命令后，凯撒坐在行营中，突然感觉有些心神不宁，仿佛有什么事情要发生似的。于是，他走出行营，在一个高地向下望去，这一望，凯撒终于知道让自己心神不宁的原因了。他发现，由于地势的原因，军团安营扎寨之后，都被独立了起来，如果有敌军入侵的话，很容易就会陷入包围之中。

然而，凯撒还没有想出解决的方法，就看到己方营地周围突然冒出许多黑色身影，而且这些身影还在不断接近。"敌袭，布防！"凯撒大声地喊着，但是已经晚了。

敌人的身影已经与仍在挖掘沟壕的士兵混在了一起，凯撒甚至听到了士兵的惨叫声。他一边呼喊着众人迅速迎战，一边拿起自己的轻矛翻身上马，向着自己的亲卫团——第十军团冲了过去。

匆匆一瞥中，凯撒就已经明白了整个战场的局势：自己的每个军团都被敌人重重包围，陷入了苦战中。凯撒在第一时间就想到了应对的策略：将自己最为强大的第十军团从包围中解救出来，然后再率领着第十军团击溃敌人！这是凯撒独有的自信，也是对第十军团超强战力的信任。

第十军团的士兵见到凯撒单骑孤枪从敌人背后杀来时，士气大涨，在短短时间内就穿透敌军，与凯撒会合在了一起。会合之后，他们没有同敌人恋战，而是在凯撒的带领下，向着其他军团冲了过去，他们要与自己的兄弟站在一起，共同奋战！

纳尔维人几乎不能相信，这还是传说中那个风度翩翩、智慧若妖的凯撒么？他分明就是一尊会移动的战神，轻矛过处，无人能阻挡。这一刻，就连从不知恐惧为何物的纳尔维人都感到了害怕。

在凯撒的努力冲杀中，罗马的军团终于聚集到了一起，压住阵脚之后，他们迅速开始了犀利地反扑，而原本汹涌如潮的同盟士兵则开始胆寒，终于有人支撑不住开始逃跑了，这种逃跑的情绪迅速影响到了其他仍在苦苦坚持的士兵，他们也开始扔掉武器，脱掉厚重的铠甲，转身开始了逃亡。

而罗马士兵则恨透了这些杀害了自己众多战友兄弟的敌人，他们开始疯狂地追赶，甚至一直冲到了对方的营地。

4. 不战而胜

经此一役，凯撒与第十军团名声大振，他们所到之处，敌人纷纷投降，不敢有丝毫抵抗。不过，虽然一路非常顺利，但是凯撒从来都没有放松警惕。与纳尔维人的战争已经让凯撒明白了，自己并不会一直被幸运之神关照，而自己的一丝大意，就有可能需要用几万士兵的生命去弥补，这样的代价，是凯撒损失不起的！

这一日，凯撒的大军终于进入到比尔及人同盟中最后一个部族阿杜亚都契人的势力范围之内。他们很快就发现了不同，不仅市镇附近的作物被烧毁，就连许多市镇的建筑也都像是经历了一场火灾似的。

在凯撒地叮嘱下，更多的探子被派遣了出去，他们的任务是查探这里究竟发生了什么，还有阿杜亚都契人都去了哪里。而军团在没有得到确切消息之前，暂时驻扎在一个市镇之中，等待凯撒有了决定再行动。

几天之后，探子们终于探查到了有用的消息：阿杜亚都契人还抱有最后一丝侥幸，他们放弃了周围的这些市镇以及土地中的作物，然后集体迁移到一处易守难攻的市镇中，他们以为凯撒见到那易守难攻的地势后就会选择撤退，这样，他们就可以继续作威作福了。

但是很明显，他们低估了凯撒平定高卢的决心。凯撒到达阿杜亚都契人藏身的市镇之后，他亲自去查探了地形，那座城镇三面都环绕着高山峭壁，只有一个城门，在城门之前是一条弯弯曲曲、非常狭窄的小山路。

看到这种情况后，凯撒没有说一句话，而是调转马头，带着亲卫团的士兵们返回了行营中。正当凯撒皱着眉头思索着最简单有效的攻城方法时，进来一名亲卫："将军，那拉坎特前来求进。"

凯撒一拍脑袋："我怎么把这位智者给忘记了，快请进来！"

那拉坎特进来后就发现了凯撒眉间的那一丝忧愁，跟随了凯撒这么长时间，后者的心思他也隐约能够猜到一些，于是笑着问道："将军，您可是为如何攻打阿杜亚都契人的这座市镇而着急？"

"是啊，阿杜亚都契人依据天险而紧守不出，如果强行攻城的话，我们士兵的伤亡就太大了，情况对我方很不利啊。"凯撒摇着头，忽然他注意到那拉坎特嘴角的那抹笑意，顿时明白，这位智者心中肯定已经有了对策，才会来找自己的。

于是，凯撒也竭力让自己的心平复下来，不再那么激动，然后向那拉坎特问道："您可是有了好的方法？"

那拉坎特再次笑了出来："将军，看来您忘记了罗马士兵的优势啊！呵呵。"

"罗马士兵的优势，罗马士兵的优势……"凯撒念叨着这句话，在心中慢慢思索着那拉坎特的意思，突然，他的眼前一亮：武器！罗马士兵最大的优势就是拥有比这些部族更加精良的武器装备，凯撒完全可以让工匠依据这座城镇而造出攻城工具。

看到凯撒已经有了策略，那拉坎特施一礼，然后离开了。而凯撒则开始召集工匠，将任务安排了下去。工匠们商议一番之后，决定建造一个巨大的木塔，然后凭借着盾车将木塔推到城墙之前，这样，罗马士兵就可以登上木塔对敌人进行压制性攻击了。

城墙上的阿杜亚都契人守军远远地望见了罗马士兵的动作，但是他们想不通，为什么这些罗马士兵不再向上冲锋，反而在城镇外扎营固守，并且还分出一些士兵去砍树？

一段时间之后，木塔已经初具雏形，阿杜亚都契人虽然没有见过攻城木塔，不过，他们也猜想到这个大家伙肯定是罗马士兵用来对付自己的工具。猜到这个答案之后，阿杜亚都契人不仅没有害怕，反而指着罗马军的大营"哈哈"直笑。

他们笑这些罗马人简直就是被气晕了头，制造出来这么大个的工具，根本就没有移动的可能！而且，如果木塔不能移动的话，那么它将毫无用处，罗马人不过是耗费时间做了一场无用功罢了。

因此，阿杜亚都契人没有派遣骑军进行任何地骚扰，他们期待看到：罗马人建成木塔之后才发现自己做的都是无用功。

就在阿杜亚都契人幸灾乐祸的期待中，木塔被成功建起来了。然而，阿杜亚都契人期待的那个场景并没有出现，因为木塔竟然在罗马人的簇拥之下移动了起来，虽然移动速度非常慢，但是在盾车的保护下，阿杜亚都契人的骑兵也不会对它造成任何伤害。

看着木塔被缓缓地推上前去，凯撒的脸上也有了一丝笑意：这个防守得犹如铁桶一般的城镇，最终还是要被自己攻破了。然而，出乎凯撒意料的是，这个时候阿杜亚都契人竟然大开城门，然后首领亲自走出来请求投降!

虽然凯撒觉得此事透着诡异,但是他仍然接受了阿杜亚都契人的投降,并且要求与其他部族一样:交出武器、选出人质!

当阿杜亚都契人首领离开后,那拉坎特迅速走进凯撒的行营,向凯撒说道:"将军,我们尚未攻城,阿杜亚都契人就不战而降,这事有些蹊跷啊。"

凯撒笑了:"是有些蹊跷,我命人悄悄统计过阿杜亚都契人的人口与武器数量,发现他们交出来的武器只有三分之二,今晚一定会有事情要发生!"

那拉坎特弯下了腰:"既然将军已经有了防备,我就放心了。"

接着,凯撒与那拉坎特就晚上的布置又进行了一番商议,然后那拉坎特走出行营,按照商议好的计策去安排了。

这天晚上,阿杜亚都契人果真并不安分,他们趁着天黑,竟然偷偷打开城门,然后向着凯撒军团中防守最为薄弱的地方悄悄摸了过去。

然而,正当阿杜亚都契人潜伏到罗马士兵营寨之外准备发动攻击时,忽然他们的周围亮起了许多火把,凯撒冷冷的声音也随即响了起来:"愚蠢的阿杜亚都契人,你们将会为自己的冲动而感到后悔的,做好承受凯撒怒火的准备吧!"

阿杜亚都契人的士兵没人说话,他们只是迅速围成一个圆圈,彼此呼应着准备突击。但是陷入包围圈的他们,面对着装备精良的罗马士兵已经没有了任何机会。在轻矛、弓弩的轮番攻击下,阿杜亚都契人失去了他们最后生存的机会。

当最后一名突击的阿杜亚都契人士兵死去之后,凯撒的大军又迅速拥入城中,将所有的阿杜亚都契人都控制了起来,这一次,凯撒没有心慈手软,他命令将阿杜亚都契人都打上奴隶的印记,然后公开拍卖!

就在凯撒的大军为战胜比尔及人同盟而欢庆时，凯撒又收到一个消息：普布利乌斯已经顺利收服沿海的各个城镇，将这些富饶之地统统收归到罗马的控制之下。

第六章 狼烟四起

> 找到你的敌人，你才能安全。
>
> ——凯撒

1. 海军的奇技

凯撒平定整个高卢的消息传回罗马城后，罗马人民兴奋极了。他们为拥有这样一位英勇善战的将军而自豪，也为自己是一名罗马公民而骄傲。而元老院也迫于人民的压力，决定为凯撒举办一场为期十五天的谢神祭。

谢神祭是罗马最为盛大与荣耀的仪式，而凯撒则是第一个得以拥有这种荣耀的英雄！虽然凯撒非常享受罗马和平安宁、被人盛赞的生活，但是就在谢神祭刚刚结束的时候，他忽然收到消息：高卢的冬令营为了征粮而派出的使者被当地部族给囚禁起来了，部族首领提出条件，希望能够与罗马军队交换人质。

凯撒大怒：战争刚刚结束十五天，这些部族就又开始不安分了，莫非他们真的以为罗马士兵的长剑不敢刺向他们的胸膛么？于是，在谢神祭接受后，凯撒只与克洛狄乌斯进行了一次会面，对他简单地交待了几句，就立即向高卢赶去。

在返回高卢的路上，凯撒向探子仔细询问了事情的前后经过，这才知道，这一次表示抗议的几个部族大都是普布利乌斯所征服的沿海部族。普布利乌斯派出使者的要求让他们明白了罗马士兵军粮已经不多了，在一些有心人的煽动之下，部族中人也开始骚动起来，纷纷要求换回人质，恢复部族曾经的自由。

而沿海各部族的首领在商议之后，都一致认为这是个好时机，不容失去。而且，即使部族中的士兵无法战胜罗马士兵，但是如果众人能够及时撤到海上，凭借着部族们对周围海域的熟悉程度，罗马士兵也无计可施。

于是，沿海部族在短短时间内就结为同盟，约定同进同退。然后，以同盟的名义向普布利乌斯提出要求，要求交换人质，同时恢复各部族的自由！

普布利乌斯极为愤怒，恨不能立即出兵攻打这些背叛者，只是被部族们囚禁的使者都是各军团中极为重要的负责人，他无法做出决定，只好派人向凯撒汇报，请凯撒来处理。

凯撒听完整件事情的前因后果之后，他闭上眼睛，静静地思索着应当处理才会最为妥当。这时，一个亲卫走了过来："将军，我们其他的冬令营也传回消息，在他们休整的地方也有部族发生了动乱，请您决断，该如何做？"

凯撒身躯一震，脸上露出不可思议的表情，不过这表情很快就消失了，他挥挥手，向亲卫道："命令各地将领守护好己方的营地，暂不与对方纠缠，一切等平定沿海部族再定。"

亲卫答应一声离去了，凯撒的心中则充满了杀机："文内几的这几个部族，既然已经成功掀起了反对罗马的浪潮，那么就只好用他们的鲜血来阻止这股势头继续发展了！"

不过，愤怒中的凯撒并没有失去自己的判断力，他明白，自己不可能铲除高卢大地上的所有部族。因此，凯撒又命令一名亲卫为那拉坎特带去自己的指示：出使雷米人以及比尔及的各部族，希望能够与这些部族保持友好关系，从而保证军团粮食的供给。

同时，凯撒还命令普布利乌斯去仍旧交好的部族征调水手、船只，做好海战的准备。凯撒并没有猜出文内几同盟中几位首领的打算，但是他认为文内几同盟中的几个部族既然敢公然宣战，肯定有所依仗，因此还是谨慎一些为好。

为了避免几个大部族相互支援，凯撒还将骑兵都派了出去，守在救援的必经之地，然后带着步兵团向前推进。

但是，随着军团的前进，凯撒占领的城镇越来越多，他开始觉得不妥了，虽然成功攻克了几个城镇，军团击毙敌人的数量以及缴获的敌人物资并不多。因为，每次当那些部族的士兵看到抵挡不住、不可挽回时，都会从海港调集大船，然后将城镇中所有值钱的财物都搬到船上，迅速逃亡离开。

凯撒也将注意力放在了海上，他命令军团登上普布利乌斯紧急征调的船只，成立海上军团，以便有效地减少敌人的战斗主力。

只不过，当罗马士兵利用征调来的船只进行追击时，凯撒发现，这些船只不仅行动速度慢，而且高度也不及文内几部族士兵乘坐的那些船。到了海上的罗马士兵反而成为了部族士兵的靶子，伤亡很大。

这天晚上，凯撒没有像往常那样坐在行营中，心烦意乱的他信步走了出去。亲卫也明白战事不利让统帅异常担忧，也没有上前打扰，只是悄悄召集了同伴，在凯撒身后悄悄地跟随着。

不知不觉中，凯撒来到了距离行营不远处的海边，他望着黑漆漆的海面，心底暗暗思量着，要如何才能战胜这些狡诈无信的部族们。这时，凯撒听到了亲卫首领低低的呵斥声："再上前一些，如果统帅突然离开的话，你们再追还来得及么？再说了，如果有敌人潜伏的话，以你们的速度赶得上他们么？"

亲卫首领的话让凯撒眼前一亮，他想到了解决海军速度的问题：我们无法再加快速度，让对方将速度降下来却非常容易啊。自信的笑容重新又回到了凯撒的脸上，他迈着轻快的步子向行营走去，路过亲卫首领的时候，还赞许地拍了拍他的肩膀。

亲卫首领还以为凯撒发现了自己刚刚的动作，对自己的忠心表示赞扬呢，他骄傲的挺起胸膛，紧紧地跟在凯撒的身后。

凯撒回到行营后，他立即召来随军的军需官，让军需官立即将所有的勾刀都紧紧地绑在长竿之上，然后将这些武器都提供给海上作战的士兵。宣布完这些命令之后，凯撒又将负责海上作战的将领召集到自己的行营中，教他们勾刀的用法。

第二天，耀武扬威的部族士兵又驾驶着战舰来到了凯撒士兵的小船之前。有眼尖的士兵发现罗马士兵手中多了一种奇怪的武器，不过，这些天来的胜利已经让部族士兵洋洋自大起来，并没有将罗马士兵的变化放在心上。

但他们很快就发现了自己的轻视究竟带来了什么。为了表示对罗马士兵的轻视，部族士兵的战舰都距离小船非常近，他们没想到罗马士兵突然伸出手中那奇怪的武器，直接就勾住了拉帆的麻绳，然后小船开始向后移动，直接就将麻绳拉断了。

随着麻绳被拉断，帆布也落了下来，部族士兵的战舰再也没有了速度的优势，这时，罗马士兵纷纷爬上部族士兵的战舰，开始了近身战斗，而罗马士兵的优势很快发挥出来，占据了上风。

这一战，部族士兵大败，从此之后，在海上他们也没有丝毫优势了！

2. 远征不列颠

文内几同盟的几个部族见到事不可为，只好抛弃尊严，向凯撒乞求原谅，允许他们再次归入罗马的麾下。

但是凯撒恨透了这些反复无常的部族，部族中那些擅长作战的青壮年都已经在海战中被杀死，他仍没有放过这些部族的打算，他要让所有的部族都清楚背叛的代价。在凯撒的命令下，这些部族中的首领以及长老都被处死，其余人都被打上奴隶的烙印，卖了出去。

结束了与文内几同盟的战争之后，凯撒得知，在这场战争中，文内几的部族们曾经向海对岸的不列颠人求助，而不列颠人也确实有一些部族派出了士兵对抗他。对此，凯撒只有一个决定：征集船只，从莫里尼出发，踏上不列颠的土地，在那里对他们展开疯狂的报复，没有谁可以与罗马作对之后还可以高枕无忧！

不过，高卢还有许多部族中都漂浮着躁动的气息，凯撒相信，如果自己不能再加以震慑的话，恐怕还将有更多的战争爆发。他决定在出发之前，召集所有首领前来拜见他，不来者则代表有了异心，将会派兵征伐。

发出诏令之后，凯撒在莫里尼等待了几天，以便确定究竟有那些部族已经铁了心要反叛。在这几天中，大多数的部族首领都出现并对他表示了臣服，但是一直到最后期限，门奈比人都没有出现。反而是不列颠众部族派来使者，向凯撒表示臣服，愿意交出人质，遵循罗马的指令。

不列颠使者表现出的诚意让凯撒选择了相信，因此，他决定派出使者前去安抚不列颠的众多部族，自己则率领大军在其后进入不列颠。凯撒派出的使者名叫康缨斯，不仅勇敢，而且聪慧机灵，忠心耿耿。

康缨斯离开后，凯撒又在莫里尼继续停留了几天，但是他依然没有等到门奈比人的首领，至此，他终于确定了，门奈比人部族有了不臣之心。不过，凯撒并没有将他们放在心上，他只是派遣副将季度留斯和考拉带军去征讨，他认为两名副将率领一个军团征讨门奈比人已经绰绰有余了。于是，在向两名副将交代一番之后，凯撒就踏上了前往不列颠的道路。

当凯撒到达不列颠海岸时，他突然发现，在海岸上集结的部族士兵似乎并不是来欢迎自己的，更像是——来战斗的。这个发现让凯撒心头一颤，他急忙示意将船停下来，暂且不登陆，等到自己的舰队都到达之后再行登陆。

就在凯撒的舰队聚集在一起，做出登陆的准备时，海岸上的士兵也改变了阵型，而这个改变更让凯撒确定了心中的那丝疑惑。他甚至怀疑，自己派出的使者康缨斯已经遭遇了不测。因为，部族士兵改变阵型之后，他们背后的马匹与战车都露了出来，直接就将他们的意图表现了出来。

这时，凯撒的士兵开始尝试着登陆了，由于战舰过大，无法过于接近浅水区，他们只好直接跳进水中，向岸边游去。但是，那些部族士兵突然向前进入到水中，他们站在浅水区做了一个罗马士兵最熟悉，此时却心惊胆战的姿势——投矛，顿时，登陆的士兵伤亡惨重，只好重新退了回来。

看到这种情况后，凯撒命令战舰分开，摆出一个弯月的队形，然后依仗着轻矛与弓弩从两侧对部族士兵进行压制，同时登陆士兵尽最大努力向前冲锋。

两侧的战舰成功分散了敌人的注意力，但是由于地形不利，罗马士兵又从来没有进行过这样的战争，登陆速度仍然非常缓慢，而且伤亡也在不断增长，情形对凯撒一方非常不利。

凯撒的眉头又皱了起来，他的目光紧紧地盯着岸上的敌人，在心中已经宣判了他们死刑！他正想张口喊撤退时，忽然发现，一名战士拿着一面绣着军鹰的战旗已经从战舰中竖立起来，接着又跳进了水中。

随着战士手中战旗的移动，一个个矫健的身影也迅速从战舰上跳入水中，紧紧地围绕着战旗，他们都喊着口号，勇猛地向前冲去，战旗在水中几度摇摇欲坠，但最终还是笔直地挺立了起来，并且站在了陆地之上！

凯撒知道，是最为强悍的第十军团发起了冲锋，没有人畏惧死亡，没有人担忧牺牲，他们随着军旗而共同前进，快速且有效。随着第十军团的前进，越来越多的罗马士兵也成功踏上海岸，对部族士兵展开了追杀。

只是由于骑兵登陆的速度比较慢，因此而错失了最好的追击机会。侥幸逃跑的士兵将战事失利的消息传递回去后，首领们都害怕极了，他们也开始为这次冲动而作出的决定感到后悔不已。

为了弥补过错，首领们急忙将囚禁的康缨斯放了出来，并请他为自己求情，愿意从此臣服罗马，并且答应凯撒提出的一切要求。康缨斯对这些出尔反尔的首领们感到愤怒，不过，他也知道，现在正是收拢人心的好时候，因此一口答应了他们。

康缨斯见到凯撒后，将事情的经过详细叙述了出来，他需要凯撒作最后的决定。这一次，凯撒同意了部族们的要求，但是部族们必须交出大量的人质，同时将这些人质送到高卢大地去。

部族的首领们听到凯撒的这个条件后，极为不忍，却也只能够答应下来，然后将人质护送到高卢大地上。

解决掉不列颠的事情之后，凯撒急忙带领着士兵返回莫里尼，在那里击败再次叛乱的莫里尼人。这时，征伐门奈比人的季度留斯和考拉也带兵到了这里，他们并没有同门奈比人进行大规模的战争，因为门奈比人在得到消息后都躲了起来，他们只好将门奈比人的建筑烧毁、财物收敛，然后带领着军队向凯撒聚集。

3. 一个军团的悲歌

眨眼间又到了冬令营的时候，这一年在高卢大地上由于旱灾的影响，所有的部族收获都不是很好。凯撒决定，将自己的军团比以往更为分散一些，以便安然度过这个冬季。

不过，在安排军团驻地的时候，凯撒也考虑到高卢各部族时常出现反叛者的现象。于是，在他的安排下，军团之间的距离也并不是很远，而且组成了相互呼应的局面。除此之外，为了预防万一，凯撒还决定，自己也不回罗马，就居住在高卢。

很快，凯撒就收到了各冬令营已经到达目的地，并且成功安营扎寨的消息，他的心终于安定一些了。但就在这时，他忽然接到了季度留斯与考拉带领的那支队伍的消息：厄勃隆尼斯发生了动乱，他们率军对罗马军团驻扎的地方进行了冲击。

看到这个消息后，凯撒笑笑，并没有将它放在心上。厄勃隆尼斯这个小部族，凯撒还有印象，他相信，凭借着季度留斯与考拉率领的一个军团，这个小部族是无法掀起任何风浪的。凯撒没有想到的是，就因为自己的轻视与疏忽，让手下的军团少了一个。

那天，正当季度留斯与考拉训练士兵时，站在瞭望塔上的士兵突然汇报说，有不明队伍向着这里冲了过来。士兵的提醒让季度留斯与考拉想起了出发时，凯撒所说的话语，要他们警惕周围的部族！想到这里，两人没有任何迟疑，立即让士兵停止训练，做好战斗的准备。

很快，那些人影就冲到了营地之外，众人都发现了，冲来的人影正是厄勃隆尼斯这个部族的士兵，而且他们的新首领安皮奥列克斯也在冲击的队伍中。这些部族士兵如同发了疯一般地疯狂冲过来，眼睛中都闪着一丝嗜血的光芒。

身经百战的罗马士兵没有任何的退却，他们静静地蹲在早已修建好的防御工地内，依靠着轻矛与弓弩收割着这些部族士兵的生命。时间一点点逝去，安皮奥列克斯也发现了自己一方的士兵根本冲不进去，只好下令撤退。

季度留斯与考拉正在疑惑，为什么部族士兵会如此疯狂的向自己发起攻击，这时，安皮奥列克斯派人传来话语，希望罗马将领可以派遣使者进行商议。这是部族们战争的习俗，季度留斯与考拉也知晓，同时，他们希望能够通过这次商议解开心底的疑惑。于是，他们派了两名使者前去商议。

当两名使者返回后，他们向季度留斯与考拉转述了安皮奥列克斯的意思：安皮奥列克斯也不想发动战争，他明白凯撒已经对他们部族非常仁慈了，但是在高卢的各个部族一致决定在这一天发动战争，让凯撒的每个军团都处于战争中而无法相互支援。他一个人无力回天，只好顺应各部族的要求，向季度留斯与考拉的军团发起攻击。

除此之外，安皮奥列克斯还告诉使者，高卢的各部族已经向日耳曼人发出了请求援助的消息，不日之后，日耳曼人就会渡过莱茵河，向凯撒的士兵发起攻击了。由于凯撒对他有恩，因此他向罗马军团提出建议，建议罗马军团离开冬令营的地方，与另一支最近的军团会合，或许可以最大限度地保全士兵的生命。

听完两名的话后，季度留斯与考拉都明白，需要做出选择了，是选择继续坚守还是选择投奔友军？考拉以及行营中的一半百夫长与千夫长都认为没有凯撒统帅的命令，冬令营应当坚守，而且冬令营外防守工地修建地非常坚固，肯定能够坚守到援军到来。

以季度留斯为首的另一半人却认为应当趁现在日耳曼人和诸部族士兵未曾到来的时候，与友军会合，然后一起努力，或许还可以战胜各部族，获得军功。

季度留斯已经向凯撒发出了部族进攻的消息，但是他并不知道凯撒身处何地，他担心如果坚守，会撑不到援军到来的那一天。到了那个时候，他们可就后悔都来不及了。

最终，季度留斯说服了考拉，众人决定等第二天白天的时候就离开营地，前去投奔友军。然而，就在他们走到半路上一个大峡谷中时，两侧突然冒出来许多敌军，这些敌军的目标非常明确，从露面开始就直接奔着罗马军团的后军而去，甚至没有过多关注队伍中间长长的辎重车队!

季度留斯当时就慌张了,原本以为短短的路程,没想到竟然会遇到敌人的袭击。他急忙命令大家扔掉手中的财物,轻装前进。让季度留斯感到出乎意料的是,整个场面随着他的这个命令而更加混乱了。

几乎所有的罗马士兵都冲到辎重车上去找寻自己的贵重财物,大家前进的脚步更慢了!考拉望着几乎傻眼的季度留斯,长长地叹了口气,他还是向自己的亲卫们发出命令,命令他们迅速压住阵脚,稳定局势,相信曾经浴血奋战地罗马勇士们会再次创造奇迹的。

随着考拉的命令发出,罗马士兵又渐渐恢复了锐气,他们重新握紧手中的轻矛与长剑,勇敢地向敌人发起了冲锋。一时间,部族士兵也开始像是被收割的稻子般纷纷倒下,胜利的天平开始向罗马士兵倾斜。

这时,站在部族士兵背后的安皮奥列克斯向士兵们发布命令,远离罗马士兵,用轻矛以及投石车进行攻击。安皮奥列克斯的这个计策很快就起了作用,由于人数上的优势,他们很快就压制住了罗马士兵的反抗,并且将剩余的罗马士兵包围了起来。

季度留斯没想到,胜利在眨眼间再次成为了敌人的囊中之物,而己方已经面临崩溃的局面了。看着周围不断倒下的士兵,他的眼中溢出了悔恨的泪水:好恨没有听从考拉的意见,才造成今日这个失败的局面啊。

眼看一个军团就要在自己的手上灭亡,季度留斯再也忍不住了,他喊来考拉,让考拉带领剩余的罗马士兵,而他则向前与安皮奥列克斯进行谈判,希望能够换得考拉等罗马士兵的生存。

考拉劝阻的话语再次被季度留斯忽略了,他带着几名亲卫向安皮奥列克斯示意,有话要说,于是,部族士兵暂时停止了攻击,将季度留斯带到了安皮奥列克斯的面前。

事实再一次证明了考拉的正确，当季度留斯说出自己的请求后，他得到的只是安皮奥列克斯的冷笑，安皮奥列克斯甚至没有耐心再同他说话，直接命令士兵将季度留斯以及他的亲卫包围起来，然后残忍地杀害了。

杀掉季度留斯之后，安皮奥列克斯没有对剩余的罗马士兵招降，而是直接下达了攻击的命令。考拉望着向己方缓缓逼近的部族士兵，流下了痛苦的眼泪，他知道季度留斯肯定已经遇难了，现在只能率领大家进行突围，尽量争取让更多士兵生存下去。

然而，虽然考拉与众士兵拼死反抗，但仍然无力回天。最终，只有极少数的罗马士兵成功逃到达拉频弩斯的营地，将军团覆灭的消息传递了过去。

4. 万里复仇

胜利的安皮奥列克斯喜不自禁，他命人将自己灭掉凯撒一个军团的辉煌战绩宣扬出去，同时，他额外交代，一定要确保将这个消息送到周围的几个部族中。

安皮奥列克斯希望通过自己的这场战绩让周围的部族首领们相信，罗马士兵也不是战无不胜的，他希望这些部族也能够出兵，同自己一起消灭掉凯撒的冬令营。

天性好战的纳尔维人很容易就答应了安皮奥列克斯的请求，他们部族与凯撒有着深仇大恨，虽然能够出动的士兵不是很多，但是每一名士兵都是在战场上冲杀过百次的老兵，都有着极为丰富的战场厮杀经验。

纳尔维人首领似乎也为己方士兵的人数而感到惭愧，于是，他又说动了周围的几个部族共同出兵。这一次，这些集结的部族士兵盯上的目标是西塞罗的冬令营。他们依旧采用了曾经对付季度留斯的那个军团时的计策，不宣而战。

这个时候，西塞罗还没有收到季度留斯军团覆灭的消息，整个冬令营中除了必要的防守与训练之外，并没有做太多的防备。

当部族士兵开始行动后，西塞罗军团中首先发现异常的是负责每日采集木材的登记官，他发现，早上外出采集木材的几名士兵未能按时返回营地，在一向守时的军团中，这是不可原谅的行为。登记官猜测，这几名士兵肯定是出了问题。于是，登记官急忙将这个消息以及自己的猜测报告给了西塞罗。

得到这个消息的西塞罗并没有大意，他知道，对周围的这些部族而言，自己的军团始终都是外来者，受到敌视是一件非常正常的事情。但是，如果这些部族对罗马士兵动手的话，那么结果肯定不容乐观。

他立即下令，全团戒备，同时让一小队骑兵做好外出搜寻友军的准备。就在这时，外出的侦察兵突然返回并汇报说，有大批部族士兵带着武器，向营地的方向冲了过来。西塞罗一惊，他知道，采集木材的那些士兵肯定已经凶多吉少了。

西塞罗暗自叹息一声，他也清楚，现在不是考虑这些问题的时候，还有更重要的事情在等待着他做决定。西塞罗走出行营，站在防体之后，紧紧地盯着冲来的部族士兵，他的身旁，是已经做好准备的罗马士兵，每个人的右手都握着轻矛，只要部族士兵进入攻击范围，他们就会抛出轻矛，给这些反叛者致命一击。

只是，这一次部族士兵似乎精明了许多，他们在轻矛的攻击范围之外停了下来，然后开始设置防线、安营扎寨，似乎做好了长期战争的准备。

这时，在其他方向防守的将领都派遣人向西塞罗汇报，他们的那个方向也出现了安营扎寨的敌人。西塞罗的脸上露出一丝苦涩的笑容，这些部族士兵竟然直接包围了自己的军团，看来，这场战争不好打啊。

当夜幕降临之后，西塞罗在军营中选出几名高卢人，让他们趁战乱的时候，偷偷混进敌人的军团，然后找时机将消息送到凯撒那里。部族士兵并没有全面进攻，小范围的试探攻击还是会不时爆发，送消息的机会还是很容易的。

几名探子成功离开后，西塞罗命令全军固守，尽量减少伤亡，等待着凯撒的援军。而部族军团似乎也有着自己的打算，并没有强行攻击。西塞罗虽然感觉非常奇怪，不过在苦思无果之后，也就放弃了。

等凯撒的援军终于到来，他们相互配合着打退部族士兵之后，西塞罗才知道，在凯撒到来的路上，部族们已经设好了埋伏。不过精明的凯撒并没有上当，他先让士兵们假装失败，将埋伏的部族士兵诱惑出来，然后再围而歼之，让那些部族们吃了一个败仗。

这场战争胜利之后，凯撒和西塞罗都知道了季度留斯军团覆灭的消息，两人都愤怒不已。不过，凯撒经过一番思考之后，决定让军团继续休整，同时命令各军团之间加强联系，避免再次出现季度留斯军团的惨状。

凯撒希望能够立即出兵，彻底地击溃安皮奥列克斯，让所有部族都引以为戒，但是他清楚，罗马军团都需要休整，同时也需要再次征兵才能满足战争的需求。因此，他不得不下达军团继续休整的命令。

安排好军团的事情之后，凯撒又同再次成为执政官的庞培达成协议，让自己拥有了可以光明正大征兵的资格，然后在高卢开始了新一轮的征兵，以及训练新兵的事务。

这样忙过好长一段时间之后，凯撒决定，在初春的时候召开高卢大会，如果有部族缺席的话，他将亲自率军讨伐。这次的高卢大会出了一些小插曲，不过也被凯撒迅速平息了，稳定了后方之后，他决定带军消灭安皮奥列克斯，为自己那一个军团的兄弟复仇。

为了最大程度的避免安皮奥列克斯逃跑，凯撒决定首先对厄勃隆尼斯周围的几个小部族用兵，警告他们不准收藏、掩护安皮奥列克斯以及他的士兵。除此之外，凯撒还派兵对支持安皮奥列克斯的日耳曼人进行了远征，接连的胜利，让日耳曼人都闻风丧胆，躲进了森林中。而凯撒担心孤军深入，军粮难以送达，于是，停止了对日耳曼人的征伐，将目光盯在了安皮奥列克斯的身上。

但是，凯撒很快就发现，那个曾经消灭掉自己一个军团的安皮奥列克斯似乎在一夜之间丧失了全部的锐气，甚至都没能够组织起一次的反抗。凯撒还从探子的口中得知，安皮奥列克斯不仅自己疲于奔命，他还向同盟的几个部族首领发出提醒，让大家认清形势，好自为知。

凯撒的大军在追击一番之后，发现这些部族们要么已经躲进了深山老林，要么就逃窜到了沼泽深处，甚至还有许多年老体衰的民众害怕受到牵连，却又无处可躲，最终选择了服毒自尽。

确定安皮奥列克斯不会再构成威胁之后，凯撒率领着大军返回了驻地。

第七章 克拉苏阵亡

> 人之大敌，往往藏匿于最不可能发现之处。
>
> ——凯撒

1. 凯撒的援助

凯撒率兵平定埃布罗尼斯和特列维里，首领阿姆比欧克里斯战和音都提欧玛路斯战死。其他高卢人听到这个消息也纷纷取消了与凯撒作战的计划。高卢暂时不会有战事，但这并没有让凯撒有所松懈。

与高卢人的两场决定性战争，凯撒以闪电般的速度结束了战斗，赢得胜利。消息传回罗马城，整个罗马都为之振奋，为自己城市有这样一个英雄人物而骄傲，对凯撒的赞美之词更是纷至沓来。

凯撒没有为这些赞美之词所动，更没有被胜利冲昏头，他清楚自己想要的，更明白现在所处的形势。高卢战场上的胜利并不是全部，凯撒迫切想要的是扩充自己的势力，他绝不会因为漫天的赞美而麻痹大意。

现在高卢形势稳定，凯撒也已是名震四方，眼下最大的问题就是庞培和克拉苏了。凯撒知道，此时是达成自己心愿的大好时机。凯撒一方面安排副帅负责征兵事宜，一方面亲自出面联系两位劲敌。

凯撒先写好了给克拉苏的信，不过还没发出去就先收到克拉苏的贺信。克拉苏在贺信中不仅盛赞凯撒的英勇，表达出敬佩之意，而且还表示了会尽犬马之劳，忠诚之心。收到这样的贺信，凯撒放心多了，只要按原计划进行就可以了。从凯撒看罢信件后脸上掠过的那抹怪异的笑容来看，没有人知道这是在笑话克拉苏虚伪还是非常自信早已拟定的计策。

庞培可是和克拉苏不一样，他手里不仅有庞大的队伍，而且还掌控着国家政权，是操纵罗马的人。对待他，凯撒的态度便迥然不同了。

给庞培的信该怎么写呢，凯撒感觉难以下笔，所以秘密召见了那拉坎特。那拉坎特不仅是凯撒的智囊，也被凯撒视为知己。还不等凯撒开口，那拉坎特就早已知道他心中所想，"庞培与克拉苏不同，他是罗马权力最大的人，而且地位稳固，所以不能明着对抗，否则……"。凯撒知道那拉坎特必是想好了对策，"那该怎么办？"凯撒不等坎特说完就急着询问对策。

"只能先示弱"，那拉坎特看着凯撒，"庞培兵力众多，不能和他硬碰硬，最好的办法是向他借兵，从而削弱他的兵力，扩充我们的力量，等待时机成熟再一举击败庞培……"

凯撒大喜，那拉坎特和自己想到了一处。现在再给庞培写信也就简单了，只要大谈高卢局势紧张，自己损失惨重，然后问庞培借兵就可以了。

庞培收到信后一时不知如何是好，也感到借兵可能会对自己不利，于是秘密召开军事会议商讨此事。众臣意见不一，有的赞同借兵，有的主张武力解决……最后庞培听了将军杰克的建议——借兵给凯撒。杰克说服庞培的理由是，凯撒现在声望正高，不宜动武，战争的好运并不会总伴随一个人，等凯撒兵败的时候再坐收渔人之利。

庞培很满意杰克的说法，于是马上回信给凯撒，答应征募军团的事。

凯撒见自己的目的达到更是喜出望外，不仅安抚了庞培，而且又添了兵力，一举两得。现在他就可以一心对付克拉苏了。

再说克拉苏这边，克拉苏正要打算和一个新对手交战——帕尔提亚。虽然敌手也很厉害，但对克拉苏来说，比起印度，这不过是一小部分而已。凯撒清楚克拉苏的野心，所以给克拉苏的信无非是投其所好，表示看好形势，克拉苏会成为一代伟人之类的奉承之词。给克拉苏写奉承信的不止凯撒一人，庞培的信也随后到了。

克拉苏知道，这两个人他谁都得罪不起，一个在罗马位高权重，一个在高卢战功赫赫，夹在这两个人中间，要想保住并稳固自己的地位那就必须要更加关注时局的变动和事态的变化，以后的日子恐怕不会好过。

尽管克拉苏有着种种担心，还是认真准备了对帕尔提亚的战斗。他集结军队，从海港出发，踏上了征讨的行程。

身穿军装的克拉苏威风凛凛地站在船头，用手指了指那苍茫的海平线，想象着登陆后的激烈战争，振奋有力地说道，"就是那里，那里就是要我们大显身手的地方……"，克拉苏的话还没说完，狂风骤起，一个大浪过来。挂在桅杆上的出征旗子"咔嚓"一声断开了，而且迎着风朝克拉苏落了下来，正好不偏不倚打在他的身上。

克拉苏被人搀扶进了船舱，"帅旗折断，恐怕祸福难料，……"劝退的话此起彼伏。克拉苏缓了缓神，被旗子打到的地方也有了疼的感觉，"既然一切都是天意，那我们只要尽力做好自己的事就可以了。"克拉苏不像之前那样意气风发，也丝毫没有后退的意思。

经过断旗一事，再加上海上航行漫长而又沉闷，所有人都变得烦躁不安，都盼着能早点登陆。当看到海岸的那一刻时，整个队伍都沸腾了。士兵涌到岸上，迅速发起了进攻。帕尔提亚人还没反应过来发生了什么事就被打败了。

克拉苏就这样顺利地完成了伟大梦想的第一步，接下来的路程行进也更加顺利，直至在叙利亚建立冬令营，克拉苏的队伍都没有遇到什么阻碍。在冬营的生活渐渐磨掉了战士们的斗志，克拉苏的队伍在这个安乐窝里过得惬意又清闲。日子慢下来，也静下来了，克拉苏的眼睛和耳朵反倒更警觉了，对于庞培和凯撒他从未掉以轻心。

儿子普布利乌斯从高卢到叙利亚了，可克拉苏并觉得值得庆贺，倒不是因为儿子，而是儿子带来的那拉坎特。那拉坎特是凯撒帐下的一员虎将，凯撒派他来这里肯定不会是什么驰援，那又是什么，克拉苏满腹狐疑却想不明白，尤其看到儿子还将那拉坎特视为崇拜的朋友……想着想着竟不由打起了冷战，看来只能是静观其变了。

2. 没有硝烟的战争

尽管一时没有想明白那拉坎特来这儿的目的，可老谋深算的克拉苏也绝不会轻易就相信驰援的说法，一定得想个办法试探出个究竟来。自从那拉坎特来到冬营，克拉苏一天也没停止过对他的观察。

一转眼，那拉坎特来了有十多天，克拉苏也没发现他有什么异常，但心中还是疑虑重重。一天晚上，克拉苏把儿子普布利乌斯叫到自己的大帐里，他要再问问清楚。

普布利乌斯过来后，克拉苏再次提起那拉坎特，详细询问了他从高卢出发时候的一些情形。普布利乌斯察觉到父亲有一些心神不安，虽然并不明白父亲的意思，还是仔细回想并认真回答了父亲的每一个问题。当克拉苏提到那拉坎特的时候，普布利乌斯则是满脸的轻松，骄傲又一副很有把握的样子："我和那拉坎特是朋友，他真的是个人才，不仅仗打得漂亮，而且懂谋略，他在父亲的身边，是如虎添翼啊！"

看着儿子无比坚信的表情，再考虑他提到的高卢的情况，克拉苏也确实没有发现不对劲的地方，为什么心头的疑云依然不退呢？普布利乌斯回去后，克拉苏一个人在大帐中来回地走着，继续琢磨着这件事。他不能这样什么都不做，表面看起来风平浪静，也许这下面有着汹涌波涛呢！

当克拉苏下定决心要有所行动的时候都已经半夜了，这时脑中迸发出一个想法让他顿时来了精神。克拉苏把守卫叫进来吩咐了几句，一会儿工夫，守卫带过来一个人。他是克拉苏的一位死士，和那拉坎特没见过面。

守卫退出去后，克拉苏亲自去门窗处走走看看，又关了关，然后走到死士身边，把他往前带了带，耳语一番。死士很快就听明白了他的意思，克拉苏又确认了之后就让他回去了。

这些日子一直为那拉坎特是敌是友而心神不宁，现在终于想到了试他的办法，而且这个办法还是这么无懈可击，一定能行得通的，克拉苏想到这些，心里感觉很踏实。明天就能见分晓，现在要做的就是好好睡一觉等着看好戏就可以了。

第二天天一亮，克拉苏早早起来，知道时间还早着呢，他沉静地等待着结果。

到了中午，克拉苏的死士打扮成了高卢人的模样，穿上凯撒军的服装，趁营帐人多在休息的时候去见那拉坎特。死士换了一身打扮，就连平时常见的人也没认出来。那拉坎特睡到一半起来，听说有"高卢人"来见，神智有点迷糊，还是唤他进去了。

"高卢人"低着头跟着守卫进入那拉坎特的帐子，等就剩下和那拉坎特两个人的时候，"高卢人"紧张地向门窗外探头看了看，然后把门窗都关好。这个紧张的动作也让那拉坎特有些迷惑，不由地站起身开始打量起来人。

"高卢人"依旧低着头，递给那拉坎特一封信。那拉坎特并没有急于拆信，而是继续盯着这个高卢人。"将军，这是凯撒统帅亲自写给您的信，请您过目！""高卢人"被盯了很久倒也没有惊慌，只是见那拉坎特一直都不看信，才又特别加了一句。

单从服装上看，"高卢人"确实没错，只是有一点被那拉坎特看出了破绽。"高卢人"只换了衣服却忘了一点，从高卢赶到这里可是千里迢迢，他的脸却干净白嫩，完全没有风尘仆仆的痕迹。那拉坎特虽然看出了这个破绽，却没动声色。

那拉坎特静静地看完信，然后大怒道："来人，把这个人绑起来。""高卢人"心里十分诧异，不过仍然没忘记自己的任务，被押出帐子的时候还大声喊着，"将军，您这是要背叛凯撒统帅吗？"那拉坎特没理会他的喊叫，只有他自己清楚他出发前和凯撒商量好的对策，现在凯撒又怎么会写信要他赶快刺杀克拉苏呢。那拉坎特对这一点十分笃定，所以不管"高卢人"怎么叫骂他也不管，也没有理会一路上众人的眼光，径直到了克拉苏的帐篷。

当看到"高卢人"被那拉坎特押着来到自己的大帐，克拉苏知道计划失败了。他没想到是败在一张干净的脸上了。对着怒气冲冲找过来的那拉坎特，克拉苏能做的只是派人将这个挑拨离间的人拉出去"审讯"，还得安抚那拉坎特，请他多包涵，多见谅，是自己治军不严。

虽然没有试出来那拉坎特的真正意图，可经过这次事件之后，克拉苏没再像以前一样心神不安了，也没有再去试验那拉坎特，慢慢放松了对他的警觉。

克拉苏驻军叙利亚整整一个冬天，只是休养，没有征战，和那拉坎特也相安无事。克拉苏对他的态度也有了很大的转变，从猜疑开始到变得慢慢信任，尤其是看到他陪着儿子普布利乌斯一起训练骑兵的样子心里更觉踏实了。

透过普布利乌斯，克拉苏和那拉坎特的接触变得越来越多。无论是军队建设，还是战争谋略，克拉苏总能从那拉坎特那里听到新奇的见解，加上儿子的多次赞誉，自己也觉得那拉坎特确实是一个不错的军事参谋，后来对那拉坎特提出的建议也开始有所采纳，这就包括在驻地建立情报分析组，用来搜集外界情报。

第一次听到这样一个组织名称时，克拉苏谨慎地停顿下来，眼睛直直地盯着那拉坎特，但是没有看出任何异样，迟疑了一下才表示同意。那拉坎特的理由充分，再加上神情自若，克拉苏也就没有反对。一向谨慎的克拉苏自从开了这道门，也就给那拉坎特在叙利亚的活动行了很大方便。

当初克拉苏率军对帕尔提亚发动突然袭击，致使帕尔提亚人惨败。不过，坚强的帕尔提亚人很快就重新组织起来，那拉坎特提议建立的情报组主要为搜集帕尔提亚人的情况。自从克拉苏放手让那拉坎特处理这件事，他也就越来越多地收到了假情报。那拉坎特则利用职务之便，开始在暗中勾结帕尔提亚人。

3. 借刀杀人

帕尔提亚的首领名叫阿巴尼西，是被部民们视为保护神一样的人物。阿巴尼西不仅是个能统帅千军万马的将才，而且是个真心关注民生的首领。为了让自己的子民享受安定的生活，结束旷日持久的战争，阿巴尼西曾带极少的随从去与敌军谈判。

阿巴尼西的心和部民的心是连在一起的，当得知首领冒险去敌营谈判求和时，所有帕尔提亚人都去制止阿巴尼西的冒险行为，他们围在阿巴尼西的住所前高声呼喊着他的名字，不忍首领一个人去涉险。

帕尔提亚人在阿巴尼西的带领下一条心，首领不惜冒着生命危险要去为部民争取和平，部民宁愿战争也不愿首领有任何意外。

这个情况是那拉坎特知道的，可传到克拉苏那里就完全变了样。克拉苏完全信赖那拉坎特后自然不会怀疑情报的真伪了。根据情报分析组每天送来的信息，克拉苏都会对帕尔提亚进行一番分析。直到有一天，克拉苏兴奋地召集久未出征的几员大将开军事会议。

克拉苏从每日零散的情报中得出一条重要信息：帕尔提亚首领阿巴尼西和手下矛盾增多，内部分裂日渐严重。克拉苏从这一点断定内耗会让帕尔提亚实力大减，而这时如果出兵攻打必定一举得胜。

在克拉苏看来，这是千载难逢的大好时候，绝不能错过，而众将也不会有意见。不过当他见到众将窃窃私语，没有一致通过，甚至还有人站出来表示反对，认为自己的军队准备不足，现在出兵未免仓促。克拉苏没有生气，而是开始认真听和考虑这些不同的声音。

那拉坎特见克拉苏因为这些不战的声音有所停顿就着急了，于是悄悄走到普布利乌斯身旁，在他耳边吹起了风："现在敌军内部松散，这时出兵一定会大获全胜，况且现在我们训练的骑兵也很强大，作战重在时机，机不可失啊……"

普布利乌斯在出兵打仗方面本来就特别信服那拉坎特，听了这番话后马上向父亲请战，愿意带着骑兵打前锋。看到儿子如此英勇请战，克拉苏非常欣慰，虽然也考虑到此战可能会有一些问题，但他却不再犹豫，决定出兵攻打帕尔提亚，由普布利乌斯打前锋。命令一出，克拉苏的军队开始做起了战前准备。

克拉苏下了出征的命令，那拉坎特也就采取了行动。克拉苏不知道的是，在军事会议结束后，那拉坎特回到自己的处所后就马上写了一封信交给亲信，并且对他做了一番交代，这名亲信连夜出了营帐。

就在克拉苏为这场战事做着准备的时候，战争的另一方，阿巴尼西也丝毫没有放松。自从和宿敌的谈判成功后，克拉苏就成了他寻求和平的最大阻碍。虽然知道克拉苏一直在叙利亚的安乐窝里"冬眠"，但阿巴尼西却从未放松过警惕，每天都积极训练兵士，还会时刻收集有关克拉苏军队动向的信息。

那拉坎特的亲信当晚就带着密信穿过警戒线，顺利到达帕尔提亚人的领地，费了好一番工夫才找到阿巴尼西的处所。而此时，阿巴尼西也还没睡，一个人在屋里思考事情。忽然，守卫进来报告说是克拉苏那边来人了，阿巴尼西舒展开紧锁的眉头，好像预感到了什么一样，赶紧招呼那人进来。

那拉坎特的亲信恭敬地施过礼后，给阿巴尼西递上了一封信。阿巴尼西也没多问，急忙拆开信来看。那拉坎特在信中交代了自己的身份以及克拉苏已下令出兵攻打帕尔提亚的消息，并请求阿巴尼西快些给予回复。

让阿巴尼西相信的是那拉坎特信中强调的"和平"，这是阿巴尼西最为看重的。他本着完全相信的态度急忙询问了那拉坎特的亲信，克拉苏这次的出兵情况。当得知克拉苏会倾其全部兵力，除了军团外还有几千骑兵后，阿巴尼西一时有些懵住了，整个人都陷入想象中的克拉苏的庞大军团来袭的场景，不知该如何抵挡才好。

阿巴尼西慢慢退到床边，坐下，又顺势躺在床边，闭着眼睛思考着退敌妙计。此时克拉苏庞大军队带来的压迫感渐渐散去，阿巴尼西脑中慢慢浮现出自己国土的情况……内陆地区的沙漠地带，想到这里时，一个完整的作战方案也随即形成了。阿巴尼西眼睛一亮，从床上起来，奋笔疾书。

阿巴尼西满意地看着写给那拉坎特的回信，随后把它交给了那拉坎特的亲信，要他快些带回去。正当那拉坎特的亲信要转身离开的时候，阿巴尼西忽然想到，如果克拉苏识破了自己的计策怎么办，或是克拉苏压根就不上钩，到时就会前功尽弃。"菇卡！"阿巴尼西唤来了自己的一名亲卫，给他交代了情况，然后告诉那拉坎特的亲信，菇卡是派去给克拉苏军队做向导的。

菇卡出发后，阿巴尼西立即在营帐里举行了军事会议，把那拉坎特的来信以及自己的计策细说了一番，看到众将听后的诧异表情，阿巴尼西安慰道："大家不要慌，克拉苏以及他的军队并不可怕，只要我们相信自己，誓死守卫自己的领土捍卫部民的尊严，那就没什么可怕的……"。帕尔提亚的众将在首领阿巴尼西的鼓舞下，开始信心满满地准备应对与克拉苏的一战。誓师大会散会后，阿巴尼西就率领着帕尔提亚人开始向内陆撤退。

亲信和菇卡一起偷偷溜回了克拉苏的营地，那拉坎特收到阿巴尼西的回信后，对阿巴尼西的计策不由啧啧称叹，连连称好，也开始了按计划行事。

那拉坎特安顿好菇卡后就来见克拉苏了。自从那次会议后，克拉苏还一直没见到那拉坎特，心中刚好有些疑虑，谁知自己还没先开口，那拉坎特就先说了出来，"根据情报提供，帕尔提亚的地形很复杂，尤其是境内的沙漠比较多，现在出兵是不是……"

克拉苏点点头："你和我想到一处去了，我也正在考虑这件事。"克拉苏还在做着分析，"不过，虽然帕尔提亚地形复杂，但他们军力薄弱，况且现在还有内部分裂，我军养精蓄锐这么长时间，相信这次出征不会有问题的。"

那拉坎特自然乐意克拉苏这样想，但还差一点。那拉坎特又着重强调了对帕尔提亚地形的不熟悉，不利于作战。"将军多虑了，地形复杂，我们可以用向导啊！"克拉苏看来是思考周密的作战计划不想正中那拉坎特下怀，寻找向导的任务自然又落到了那拉坎特身上。

时间过得很快，七天后，克拉苏的队伍一切准备就绪，普布利乌斯和那拉坎特率四千骑兵作为先锋部队，在向导菇卡的陪同下率先开拔了，克拉苏带领着七个军团随后出发。

4. 惨败

就在克拉苏的军队浩浩荡荡地出发时，阿巴尼西早已带领帕尔提亚人穿越沙漠，养精蓄锐地等待着这场即将到来的残酷战争了。

出征前，克拉苏对儿子普布利乌斯的表现一直很满意。整个冬天，普布利乌斯都和那拉坎特一起积极训练骑兵，并且努力学习军事知识，这一点，克拉苏看在眼里，喜在心上。所以这次出兵帕尔提亚，克拉苏毫不犹豫地命普布利乌斯做部队前锋，给他一个锻炼成长的实战机会。只是，就连卡拉苏也没有想到，前方的儿子将会遇到什么样的突发情况。

年轻气盛的普布利乌斯很快就赶到帕尔提亚人的居住区，准备大战一场，可是他没想到，眼前不仅人去楼空，而且还是废墟一片，阿巴尼西在离开时就毁掉了一切。现在该怎么办，普布利乌斯一时没了主意，也没了将帅风范，急得哇哇直跺脚。

克拉苏带的军团还在后面没有跟上，普布利乌斯干着急又不知道该怎么办好。那拉坎特这时就建议普布利乌斯先冷静下来，可以先听听向导的建议。能够关键时候给普布利乌斯提示方向，这是克拉苏要那拉坎特陪儿子先行的目的。

随行的菇卡听到那拉坎特的话就过来了："将军，从这些破损的废墟和或清晰或杂乱的脚印看，住在这里的人刚刚离开不久，而且是打算穿过内陆沙漠离开。""追！"普布利乌斯怒气还没消，现在又听向导说帕尔提亚人刚离开不久，"决不能让帕尔提亚人跑了！"普布利乌斯就下达了追击的命令。

"还是等克拉苏将军到了再做决定吧！"那拉坎特心里虽然高兴，但嘴上还是要劝着点少将军。"不等了，错过战机就都晚了！"普布利乌斯连马都没下，就在这片废墟上商量对策，然后马上让古卡在前方带路，沿着帕尔提亚人撤退的方向追过去了。

克拉苏率领的大部队沿着骑兵开出的路缓慢前进着，一路上会偶尔看到几个帕尔提亚人的尸体，克拉苏会很安心地认为儿子做得还不错。

这样一直走着，越过之前普布利乌斯看到过的那片废墟，克拉苏的军团也开始要进入沙漠。当环境越来越恶劣，又开始有粮草告急的消息上报上来时，克拉苏警觉地意识到了什么。他开始停下来仔细查看周边环境，再看看自己疲惫不堪、开始骂骂咧咧的士兵，"这种鬼地方，帕尔提亚人是怎么过去的？……"克拉苏顿时明白了，只是不敢再想了，"来人，快去，快去，要先头部队停止前进，快去……"克拉苏大声叫嚷起来。

可是，已经晚了，普布利乌斯正在通过沙漠区。克拉苏不由猛地一颤，开始在心里抱怨起儿子来，没想到经历大小这么多战争，怎么还会这么鲁莽。这时，一旁的副官建议克拉苏，不能再前进了，否则很容易全军覆没的。克拉苏怎么会不明白这个道理，但他更担心儿子的安危："说得容易，就这么退回去，前方的几千骑兵怎么办！"

克拉苏的担心没错，普布利乌斯自从进入沙漠区就问题不断。阿巴尼西在撤退过程中不仅掩埋了水源，也设置了重重障碍。看不到边的沙漠，随身携带的水越来越少，还要处理不时出现的阻碍，几千骑兵很快就变得心烦意乱、焦躁和压抑。那拉坎特担心骑兵无法穿越沙漠，计划就会失败，于是建议普布利乌斯不如先回去。本来也开始心惊胆寒的普布利乌斯却更来劲了："小小的帕尔提亚人能过去，我们难道过不去！"不仅不退，反而下令加速前进。

克拉苏和部队也很快就被卷入了这无边的沙漠，而普布利乌斯开始面临恐怖的征兆。军队的死亡人数不断增加，备用水已经见底了。普布利乌斯也开始后悔自己行事太过莽撞，把大家陷入这样的困境，可现在也不能回去，只能是继续前进。

在沙漠里兜兜转转几天时间，终于，一天傍晚的时候，普布利乌斯先看到了沙漠的边缘，所有的士兵都欢呼起来，只是疲惫地发不出什么声音来。总算出了沙漠，可疲劳让所有人都失去了活力，于是普布利乌斯下令原地休息，等待克拉苏的大军来到。

普布利乌斯的军队刚出了沙漠区，阿巴尼西也就接到了情报。在他们以为可以睡个安稳觉时，所有的帕尔提亚人都握紧了拳头，只是还不行，克拉苏的部队还没到，阿巴尼西也在等，也在忍耐。

有先锋的开路，克拉苏的队伍第二天傍晚就赶到了。见到平安无事还有些兴奋的儿子，克拉苏还是忍不住怒气冲天，"你做的好事！"不明所以的普布利乌斯还委屈地争辩了几句。可是还没等父子两人的争吵有个结果，耳边就响起来如雷的喊杀声。阿巴尼西已经率帕尔提亚人杀了过来。

克拉苏心里一沉，看了一眼面前的疲惫不堪的几万将士，又回头望了望身后，还没见到人，却已见了漫天黄沙，越来越近的喊杀声直逼人心魄。完了，克拉苏几乎绝望了。可当看到几万人不知所措的眼神时，克拉苏缓过神来："全军听令，准备战斗！"克拉苏注视着士兵的眼睛，拉长了声音吼出这几个字。士兵们猛地清醒过来，撑起疲惫的身子，拿好武器，列好战斗队形，准备迎战。

一面是养精蓄锐的帕尔提亚人，一面是又饥又渴又累的罗马士；一个是为守卫家园捍卫和平二战，一个却是为侵略来袭。阿巴尼西的将士个个杀红了眼，而克拉苏也知道，现在一切都晚了，自己已经无力回天了。

克拉苏眼见着自己的士兵不敌帕尔提亚人，死伤惨重，普布利乌斯也已经战死。"天要亡我啊！"克拉苏仰天长叹，不再做垂死挣扎了。他把那拉坎特叫到身边，命他带一部分军队突围撤出去，自己要去和阿巴尼西谈判。

那拉坎特撤出后，克拉苏迅速集结队伍，提出谈判，战争才暂时停下来。克拉苏为后撤部队提供了足够多的时间，直到阿巴尼西失去了耐性，才赶去谈判。自知这一去祸福难料，克拉苏走出营帐，不忍就这样离开。看着狼藉的战场、寥落的营帐还有衣衫不整、身体虚弱的士兵，克拉苏走到他们中间，面对着注视着自己的眼睛，愧疚难当。

克拉苏没有说什么，只是在队伍里走了很久很久，直到自己必须离开的那一刻。克拉苏才飞身上马，向着帕尔提亚人的营地飞驰。而他身后的士兵们似乎还没反应过来，这可能是与统帅的诀别，还像望着克拉苏远去的背影一样等待着他的归来。

但是，再没有克拉苏的消息。直到第二天傍晚，无数的帕尔提亚人杀过来时，他们才知道，克拉苏已经没有生还的希望了。帕尔提亚的最后一击彻底打败了克拉苏残存的军队。

除了纳兰坎特带走的一小部分队伍，克拉苏和他的四千骑兵、七个军团就这样留在了这片沙漠。

5. 暗潮汹涌的政局

克拉苏战死的消息很快就传回了罗马城，人人都在议论这场惨烈的败仗，也不由变得心惊胆战起来。毕竟，这样的惨败并不多见。

和惊慌的罗马城里的人相比，远在高卢的凯撒却是异常的平静，就好像这件事和自己没什么关系一样。其实，那拉坎特在克拉苏军营里安排的每一步都会写信通知凯撒，所以克拉苏的失败早就是在凯撒的预料之中，也就和突然知道消息的那些人不同。

少了克拉苏这个心腹大患，凯撒在高卢的事情就更安心地进行了。自从打败特列维里，为了防止其他高卢人再起义，凯撒便开始忙着军队里的思想工作，还会亲自参与征兵与训练新兵的工作。

只是，克拉苏战死让凯撒松了一口气，可是没过多久传来的另一个消息就没这么痛快了。

一天，凯撒正和军营里的士兵们聊天，一个亲信跑过来在他耳边上嘀咕了几句。刚刚还谈笑风生的凯撒听完后便"腾"地一下站起来，连招呼都没打就出了营帐。凯撒刚走出营帐，来自罗马的信使便迎了上来。

凯撒赶紧把信使带到了密室："到底是怎么回事？你赶快说！"还不等信使坐稳，凯撒就急着问道。

"克洛狄乌斯死了……""什么？克洛狄乌斯死了？"信使的话刚开头，凯撒就惊讶地站了起来，不相信这是真的。"是的，统帅，"信使接着说，"统帅不知道，这都是元老院的那帮家伙搞的鬼，他们已经决定由庞培来单独做执政官，并赋予非常权利，现在罗马城里人心惶惶。自从独立掌权后，庞培就开始在整个意大利范围内征兵。……"

庞培当选为年度的执政官，而且还是独自当选，没有了同僚的牵制……这些消息对凯撒来说无异于晴天霹雳。他的心还是不由地在慢慢收紧，眉头紧皱着，就连手心都搓出了汗。"该怎么办？"凯撒开始在屋里来回地走起来。

"统帅，"一旁的信使见凯撒没什么反应，又接着说起来，"统帅，现在要赶紧有个对策才行啊，不然形势对我们越来越不利了！"说完就一直在等着凯撒的主意。可凯撒却始终连句话也不说。

密室里的空气好像都凝固了一样，寂静，寂静到让人感觉压抑。只有两人的呼吸声越来越清晰……

"这样就可以了！"凯撒舒展眉头停了下来，笑着说："现在庞培在意大利征兵，那我们就在高卢征兵，来个将计就计，壮大势力和庞培对抗。"信使边听边点头："那我们在罗马做些什么呢？"

"只要是能够对庞培势力有所遏制的行为就可以，"凯撒这时才放松地坐下来。不过信使以为凯撒的意思是可以刺杀庞培，凯撒接着说："现在还不行，罗马离不开庞培，他若是死了，我们就没法控制罗马的局势了。"凯撒纠正了信使的理解。

信使离开后，凯撒马上召开了军事会议，将罗马的局势做了通报。大家乍一听到庞培独揽大权的消息也非常震惊，不禁露出惊恐的表情。凯撒了解大家的心情："诸位不要慌，虽然现在是庞培势力大增，但我们只要有足够强大的军队就能掌握局势，所以，现在我们要做的，最重要的就是征兵。"了解了凯撒的意思，大家也放下心来。会议结束，凯撒又特意嘱咐大家不要泄露消息，否则后果不难设想。

虽然有了对付庞培的对策，但是想起这一年，因为忙于高卢的战事而把罗马的事搁置下来才有了现在的紧张，凯撒的心里也不是滋味。对于庞培的能力，凯撒从没有低估过，庞培独自当选罗马的执政官，凯撒也并没太多在意，只是对庞培执政后会加强和完善自己的特权很担忧，因为那会对凯撒以后的发展有很大阻碍。

而在罗马，庞培刚刚尝到独掌大权的甜头，加上凯撒远在高卢，自己势头正猛，还会经常听到有人对自己的赞美，庞培有的不仅是振奋，还有骄傲和自豪。想到自己统治着一个庞大的国家，土地、财富、百姓、军队尽归己有，对于永久独自掌握权力的欲望就越来越强烈。

庞培对自己内心的喜悦没有丝毫掩饰，而他身边的埃略斯特则不同。埃略斯特一向冷静，对事情的考虑总是从实用出发，缜密也深远。当庞培沉浸在自己的喜悦中时，埃略斯特紧皱眉头思考着，等庞培说完，埃略斯特严肃地告诉庞培，"长官，不要高兴得太早，现在才刚刚开始，你要面对的不仅有元老院那些守旧的老家伙，他们就不会让我们轻易得手的，而且，还有那看不见的，远在高卢的凯撒，他会是我们最危险的敌人。这些都不能忽视。"

埃略斯特的话无疑是给庞培浇了一盆冷水，但庞培了解埃略斯特，他没有生气，而是冷静多了，只是他认为"凯撒会是最危险的敌人"太严重了，"凯撒怎么能和我比！"庞培显然并没有把凯撒放在眼里。这就是庞培，军事、政治才能杰出，同时是个自高自傲的人，埃略斯特就是了解这一点才没和他再争执，而是转了个话题。

"嗯，的确，我们是拥有了最好的机会，说不定过不了多久，整个罗马都会在您一人之下的。"埃略斯特说完这句停了一下，见庞培听着满意才又接着说下去，"不过，长官，你知道一个强有力的领导者要想控制一个庞大的国家需要有什么才行吗？"看见庞培听得更细心了，埃略斯特妆着说："长官，需要军队，只要有军队，你就能控制国家。"埃略斯特刚说完，庞培就笑了起来："这个我怎么会不知道！"

"是，长官，只是你不要忘了，军权是能拥有也能失去的。"这是庞培所意外的。他忘了，做了行政长官就不能拥有其他行省的统治权，而且不能拥有军队。"不管怎么样，长官你一定要控制军队才行。"庞培终于听明白了埃略斯特的意思，彻底冷静过来。做了罗马城的行政官，这只是第一步，自己必须要处处用心，不能大意。

坚定了维持军队的想法后，庞培开始了具体实施的计划，强制维持对行省和军队的统治权。这对罗马人来说很突然，但反对的声音却没有太大，这让庞培心里也有了底，罗马人还是期待有一位强有力的人来领导他们的。确定了这一点，庞培便开始进一步扩大影响，巩固势力。

在谋臣埃略斯特的建议下，庞培更清楚自己在罗马所面临的形势，有利的方面是人们渴望专制制度的出现，弊端是有野心的人也很多，自己随时有可能被轰下台。现在能做的就是利用频频发生的对暴力事件的审判，可以直接动用武力，也可以颁布法律搞垮对自己有威胁的人。于是庞培以审理案件为借口，将城外的军队调入城内，严格控制起城内的局势。

自从得知庞培当政后，凯撒对罗马的消息了解的越来越多，也越来越及时。对于庞培采取的一系列行动，凯撒也不由暗自赞叹：庞培是一个精明杰出的领导人。但现在时机还不到，凯撒还不会有所行动，而是一心扩大自己的军队实力。

第八章　快刀斩乱麻

> 权力和纲纪是不能同存共荣的。
>
> ——凯撒

1. 见招拆招

日子过得很快，每天都有来自罗马的消息，凯撒刚开始还觉得问题不大，可这几天也开始有些紧张，人也变得心烦气躁起来。之所以如此是因为前两天来的密报：庞培又新通过了两条法律，是有关竞选罗马执政官的程序问题。

法律的第二项规定，竞选罗马城的执政官要在庞培在罗马的时候才能举行，除非是人民授权可以，才可以不受这条法律的限制。"这只老狐狸！"凯撒在心里不停地咒骂着庞培。如果这条法律生效的话，凯撒要想竞选罗马执政官就等于没希望了。

凯撒一直对实现心中理想有很大的信心，但是这条法律的出现，就好像在心口突然堵了一块石头，既压抑又沉重。凯撒急于搬开这块石头，可一时也想不出什么好主意，心情烦闷，唯一能做的就是出去走走，透透气。

这天天气很好，凯撒一个人出了营帐漫无目的地向前走去。外面天高地阔，凯撒心里却窄得容不下任何事情，连自己的呼吸也变得急促起来，只有不停地咒骂庞培来出出心里的恶气。

凯撒没了往日的精气神，就连走路也没有昂首挺胸，一直低着头。忽然"哎哟"一声，居然和树撞一起了，凯撒满肚子的气正没地方撒呢，一脚就踢过去了。结果，脚疼得让他都走不了路，也忘了生气和郁闷的事情。

这是哪儿，凯撒四下望了望，原来是走到了布路图斯将军的营地。"布路图斯，布路图斯，"……凯撒打从心底高兴地高声喊了起来。远远听到声音的几个士兵跑了过来，一看是凯撒统帅，一个个都欢呼起来。

"战士们，你们的统帅也有失足的时候，"凯撒强忍着脚痛还笑着打趣起来，"快扶我去见你们将军。"士兵停住欢呼，看了看凯撒，又互相看了看，便一齐涌上去把凯撒抬了起来，一边走一边高声嚷嚷着回到军营。

布路图斯得到消息后就立马出来迎接："统帅，我们去屋里谈！"士兵们就直接把凯撒抬进布路图斯将军营帐的床上去了。凯撒笑着撑起身子坐起来说："将军你坐下，我有事和你说。"士兵们识趣地退出去了。布路图斯则是等人们都出去，又向外看了看，关好门后才在凯撒身边坐下来。

两人没有什么客套话，凯撒开门见山地说，"你听说了吗，庞培这个老奸巨猾的家伙，最近通过了一条法律，根本就是针对我。"看着怒气冲冲的凯撒，布路图斯倒是觉得放心，原来统帅这几天一直担心的就是这件事，于是没说什么，接着听下去。"再这么发展下去，我们就别想出头了。"

凯撒说完后，屋里沉闷了一会儿，确定凯撒是在等自己说的时候，布路图斯才开口说话："统帅，你说得没错。可你知道吗，这条法律一旦生效，不但我们出头难，统帅还会有牢狱危险的。""这跟坐牢有什么关系啊？"凯撒吃惊地问，觉得是布路图斯将军跑题了。

布路图斯笑着摇摇头："统帅只知道这条法律定的恶毒，却忘了人心险恶。"凯撒更迷糊了，便赶紧要布路图斯明说。

"统帅，你想一下，如果你竞选罗马执政官的话要等到结束在高卢的任期，可从开始竞选到正式执政就会有十个月的间隔，而这段时间你就会是以平民身份出现在罗马。庞培现在频繁通过法律加紧控制罗马,那么长的时间里,你要是受到指控就很容易上法庭的。"

凯撒被布路图斯的话吓了一跳,本来还只是以为那是个大障碍,现在怎么还成了致命打击呢。布路图斯假装没看到凯撒紧张的神情,又接着往下说,"统帅不会忘记了加图吧,他可不止一次公开说过要控告你呢。更何况,庞培的死党可不止加图一个。"加图是一个为了胜利不择手段的阴险家伙,凯撒又怎么会不知道,可对这样的人,除了恨还有怕,因为什么办法都会对他不起作用。

布路图斯说得条条在理,凯撒听得坐不住了:"庞培要是把我逼急了,大不了就挥戈杀入罗马城,我倒要看看到底谁更厉害!""还没有到那种程度,统帅。"布路图斯看到凯撒怒火中烧,于是才开始说解决之道。"庞培不断颁布法律,对我们步步紧逼,可现在还不用出兵硬攻,只要转换立场,在其他方面主动进攻,让庞培行事有所顾忌就可以。"

凯撒认真地听着,等着布路图斯的具体办法。"办法有两个,但要一起进行。"布路图斯接着说,"第一个,我们要在暗地里行动,破坏庞培的这项法律。第二个,我们要去贿赂元老院中的那些立场不明的人。只是,这要牺牲统帅不少的财产。"

凯撒笑着拉住布路图斯将军的手,什么也没说,只是很有力地紧握着。两人都清楚对方的心意,自然不必多说什么。

和布路图斯谈过之后,凯撒对目前的形势和解决的办法也已心中有数。他很快就安排好高卢的事情,借口返回了罗马,参加一年一度的罗马执政官选举。

凯撒先是来到亲信伽尔巴的家,大概了解了一下罗马最近的情况。第二天一早,凯撒就和伽尔巴一起去了元老院,。

凯撒的突然出现让庞培非常震惊。庞培还脱口而出了一句"你怎么回来了?"。凯撒轻松又礼貌地回答说是来汇报工作,顺便和大家叙叙旧的。也没和庞培说几句话，凯撒就在稀落的掌声和众人诧异的目光中走向了演讲台，除了亲信伽尔巴带头鼓掌外，更多的是唏嘘声。但凯撒对这一切早有心理准备，他依然非常自信地站上讲台上。

凯撒在讲台上动情地讲述起发生在高卢的两场惨烈的战争，台下很快就安静下来，都开始聚精会神地听起来。凯撒也越发慷慨激昂，当结束演讲时，之前反对的声音早已湮没在如雷的掌声中了。就在人们欢呼地涌向凯撒的时候，他兴奋地宣布了一件事："我也会让新科穆姆居民享有罗马公民权。"

凯撒也知道这样说是有很大风险的，不过他要赌一回。庞培和他的手下也都开始着了慌，忙着想办法对付这个野心勃勃的凯撒。

罗马的形势因为凯撒这场激动人心的演讲也有了很大的转变，气氛开始变得紧张起来。

2. 要变天了

凯撒本以为在演讲结束时的那句话——"把罗马公民权也给新科穆姆居民"，只是为取得成功下的一个赌注，没有想到整个罗马城都因此议论纷纷。最后的结果也出乎自己的意料，几天后，玛尔库斯·玛尔凯路斯当选了新一任的罗马执政官。

虽然也知道庞培在算计自己，但凯撒并不觉得庞培能有什么花样。事实证明，凯撒低估了庞培、加图这些人的手段。在凯撒的演讲结束后，庞培和手下就商量起了对策。他们并没有直接对凯撒有所行动，却是找到了一个傀儡——玛尔库斯·玛尔凯路斯。庞培不仅出了高价收买他，而且更是利用所有关系帮助他竞选成功。所以，玛尔库斯·玛尔凯路斯开始执政后，最先攻击凯撒也就不足为奇了。

玛尔库斯·玛尔凯路斯召集了所有元老们开会，直截了当地提出新科穆姆公民权的问题，认为新科穆姆的居民没资格和罗马公民相提并论，更不配拥有公民权。怎么，新执政官这么快就将矛头指向凯撒，所有人都非常吃惊，在下面议论纷纷，不知道又要发生什么大事。玛尔凯路斯无所顾忌地越说越兴奋，最后直接批判起凯撒来。

这时，和玛尔库斯·玛尔凯路斯一同当选的第二位执政官苏尔皮奇乌斯·茹福斯听不下去了，他倒不是为谁说话，而是认为玛尔凯路斯的言行有失身份，完全是一人之言，失去了代表国家的尊严和公正。茹福斯最后还提醒玛尔凯路斯：如此断然指责某一个人的后果，有可能会让国家陷入内战的深渊的。

茹福斯的话刚说完，几个保民官也都站起来表态，也都认为玛尔凯路斯对凯撒的指责太过分了。

玛尔凯路斯张口结舌得一句话也说不出来。过了好一会儿，玛尔凯路斯才缓过劲儿来，怒吼着要求元老做出决定，还特别强调庞培是和他们一致的。一段长时间的沉默后，表决的结果还是通过了玛尔凯路斯的意见，否决新科穆姆的公民权。因为保民官的意见并没有任何效力。

伽尔巴开完元老会后立刻赶回了家，当把会议上的情形向凯撒汇报，伽尔巴建议凯撒暂时先离开罗马，回高卢控制好兵权。考虑到这一切肯定是庞培在幕后操纵的结果，凯撒同意了伽尔巴的建议，第二天一早就离开了罗马。

凯撒带回高卢的消息并不太好，这一年当选的执政官多是凯撒的对头，庞培的党羽。要寻找一个牵制庞培势力扩大的人才行，凯撒召开会议和大家商量这件事。最后库里欧这个名字进入凯撒的视线。

库里欧是保民官中的一员。凯撒对这个人印象极深,不仅是因为曾经在大庭广众下的辩论输给了这个人,而是深切感受到这个人话语中魔术般的感染力,在凯撒看来,库里欧是个天才。库里欧受过教育、胆大妄为、不务正业,还有极大的贪欲,这些都是凯撒看中的,他要不惜一切代价收买这个天才,成为自己在罗马的代言人。

库里欧也的确狮子大开口,出的价格竟是凯撒总财产的一半。凯撒想到要出这么多钱也有些犹豫,后来想到这会是实现自己梦想的希望才下定了决心。凯撒用自己出生入死得到的一切换来了库里欧这个"朋友"。

好在事实证明,凯撒没有看走眼,下错注。罗马的元老院会议上,首席执政官玛尔凯路斯又有新的提议,要提前召回凯撒。又是一条针对凯撒的提议,大家都沉默了,没人说些什么,除了库里欧。高明的他并没有直接针对玛尔凯路斯,而是先表示支持召回凯撒的提议,接着又从国家人民的角度出发,对这条提议的可行性提出疑问,最后建议如果要召回凯撒,那庞培也要同时交出权力。库里欧简简单单几句话就让玛尔凯路斯无话可说,还为自己赢得了大家的掌声,成了捍卫国家利益的无私斗士。

玛尔凯路斯慌张地去见庞培,询问对策。庞培这时早知道了情况,并把写好的一封信交给玛尔凯路斯,让他在元老院当众宣读。庞培果然老奸巨猾,他在信里写的是愿意交出自己对行省和军队的统帅权,还大义凛然地表示这是自己的荣幸。庞培想要用这种方法蒙蔽罗马人民,对凯撒施压。

信的内容让元老院的人激动地拥抱在一起,除了库里欧。这种含糊的表示怎么骗得了精明的库里欧,等大家安静下来,库里欧再一次站起来说话,要大家先不要急于为庞培的承诺鼓掌,而是明确这种提议,为了防止国家不发生暴力政变,要么庞培与凯撒同时交出兵权，要么两人同时保留权利，如果有人不同意就视为国家的敌人。

库里欧将提议明确化的做法又一次赢得了人心，大家很快就转向了库里欧这一边。玛尔凯路斯只能气急败坏地结束了这次会议。

庞培的阴谋没有得逞，战争的气息却越来越重，尤其是在罗马。庞培依旧不死心，手下的加图和同党在会议之后就开始散布凯撒出兵的谣言："凯撒要发动战争了、凯撒大军已经越过阿尔卑斯山，正向罗马逼近……"罗马城内人心惶惶，好像凯撒随时会攻入城中一样。

3. 战争，又见战争

当谣言漫天飞的时候，玛尔凯路斯再次召开了元老院会议，他在会上慷慨激昂地发表演讲，陈述出兵抵抗凯撒的必要性和紧迫性，还宣布凯撒是国家的敌人。

玛尔凯路斯的这点心思怎么瞒得住库里欧。当大家的情绪再次被玛尔凯路斯带动时，库里欧愤怒地提出抗议，身为国家的代表怎么可以只凭街头巷尾的传言就要将国家卷入战争的深渊。这一次，玛尔凯路斯依然无话可说，可却恼羞成怒，用首席执政官的身份压制库里欧，强制通过了"抵抗凯撒"的决定。

会议再一次不欢而散，库里欧早已愤然离场，玛尔凯路斯则带上一帮同僚去见庞培，将讨伐任务交到庞培手上。

这是庞培期待已久的时刻，他已经披挂整齐，就等着这个名正言顺的出征命令呢！从玛尔凯路斯手中接过代表着权利与荣誉的宝剑，庞培恭敬地行过礼，转身上马，面对着整装待发的士兵，高喊一声:"勇士们,战争已经开始了,我们必胜!""必胜……"在震天的回响声中,庞培的队伍浩浩荡荡地出发了。

在这扬起的漫天尘土中,还有一个人在匆匆赶路,他就是库里欧。战争让罗马也容不下库里欧了,迫使他不得不去高卢见凯撒。元老院宣布非常状态,剥夺了库里欧保民官的正当权益。的会场离开后就决心要离开罗马,当得知庞培已经出兵的消息后,库里欧加快脚步,他要赶紧去通知凯撒,也许,现在凯撒还不知道战争已经开始了。

凯撒回到高卢后,每一次想到罗马的局势都会陷入沉思,始终在战与和之间徘徊,确实没有想到庞培已经出兵了。

就在库里欧赶到高卢的时候,凯撒还在一处山顶上俯瞰着齐整威武的军营。这支军队就像凯撒手中的利剑,不仅为他征服了整个高卢,让他成为举国闻名的英雄,还给他带来了地位和权力。要不要用这把利剑来个快刀斩乱麻,结束罗马的混乱?可真要让自己来承担内战的责任,凯撒又觉得很沉重。

正在犹豫的时候,布路图斯急匆匆地来找凯撒:"库里欧在营帐等您!"凯撒立刻意识到是罗马出事了,什么话都没说就飞也似的往回赶,转眼就把布路图斯落在后边。

一路上,凯撒回忆着有关库里欧的一切,他是怎样一个天才,自己又是如何和他成为"朋友"的,自从库里欧为自己做事以来,真是功不可没……可他这时不在罗马待着,跑到高卢来做什么呢,发生了什么事?凯撒的心不停犯着嘀咕。

终于回到了大帐,凯撒飞身下马,一个箭步就进了帐中。库里欧也一直心烦意乱地来回踱着步,着急见到凯撒。现在两个心急如焚的人终于见面了。寒暄过后,凯撒屏退左右,等着听库里欧带来的消息。

库里欧先是在桌子上摆了三个相同的酒杯,一个三足鼎立的形状，接着分析了凯撒此时的心态。之前克拉苏在时三人互相牵制，现在只剩下庞培，凯撒地位不如他，但实力与声望却毫不逊色。当今的局势发展是握在凯撒手中的，是战？是和？

凯撒佩服地点点头，这正是自己一直犹豫不定的事情。库里欧接着又拿出四个小酒杯，摆在一个大酒杯四周，旁边放上了佩剑。先从"和"的角度分析，如果采取政治斗争，凯撒就没有挑起内战的负担，但庞培久居罗马，势力庞大，因此"和"之后就会前途难料。接着转向"战"的角度，使用武力的结果就会截然不同。现在凯撒实力正盛，而庞培日衰，取胜不是难事，也不会受制于庞培派的深潭。库里欧将选择形象化，是要陷入纠缠不清的政治斗争，还是快刀斩乱麻让所有人臣服于自己，要凯撒做出决定。

库里欧说完就把四个小酒杯劈了个粉碎，接着把剑交给凯撒："请您消灭您的敌人吧！"看着剩下的一个大酒杯，凯撒微闭双眼，想象着彻底粉碎障碍的情景，气息也变得顺畅了。凯撒突然就睁开眼，目露凶光，一剑就劈碎了大酒杯。

凯撒下了决心，库里欧激动地跪倒在地，敬酒给凯撒："请不要拒绝罗马！"凯撒深吸一口气，笑着扶起库里欧，感谢他帮自己下定了决心。

凯撒决心已定，库里欧这才把庞培已经出兵的消息告诉凯撒，马上集结军队准备迎战就成了当务之急。凯撒马上下达命令，经过一天一夜的紧急集合，到了第二天夜里，副将布路图斯报告，部队集合完毕。

自从见到库里欧，凯撒一直都没有休息，惺忪的双眼里布满了红血丝。听到部队已经集合完毕的消息，凯撒穿戴整齐，站在镜子前打量起自己来：面容有些憔悴，脸上的坚毅和自信却掩饰不住，高大挺拔的身体，金光闪闪的盔甲……这些，凯撒都很满意。

迎着早上出升的太阳，凯撒步伐坚定地向校场方向走去。库里欧和布路图斯紧随凯撒身后，在一队卫兵的簇拥下，凯撒来到校场，走上检阅台。面前的军队，精神抖擞，意气风发，凯撒满意地笑了笑，为自己这样的军队感到自豪。

凯撒将身边的库里欧介绍给自己的军团，让他来向军团说明罗马目前的情势。

库里欧的伶牙俐齿又一次发挥了作用，他声情并茂地讲述了在罗马的变化，包括现在元老院已经宣布罗马进入非常状态，自己如何被驱逐，又是如何逃离罗马的，而且气愤地描述了庞培等人对凯撒的不利言论和决定。

库里欧的演讲发挥了良好的效果，已经激起了士兵心中的不平。凯撒又趁此机会继续发表演讲，直到彻底激起士兵心中的愤怒。凯撒举起手中的剑，指向罗马方向，高喊一声："进军罗马！"马上就收到山一般的回响："进军罗马……"

凯撒满意地挥手，沸腾的校场马上恢复安静。凯撒下令，各队回营休整，军官们开会。

在军事会议上，凯撒统一了军官们的思想，做出一致同意出兵罗马的决定后，才开始做战略部署：兵分两路，自己和库里欧、布路图斯等人照常活动，以吸引众人眼光，另一队由撒路斯提乌斯带队，以突然袭击占领阿里米努姆。

庞培声势浩大的来高卢讨伐凯撒，而凯撒则不动声色地也开始了行动。

4. 一山不容二虎

阿里米努姆是从高卢到意大利的第一站。会议结束，撒路斯提乌斯就立即带兵出发了，而凯撒还在城里一如往常地活动，带着库里欧和布路图斯去参加贵族们的宴会。

到了深夜，凯撒借口不胜酒力匆匆离开宴会会场，跳上一辆马车，连夜赶向阿里米努姆。一路上马车飞快，但凯撒一行都很低调，尽量避人耳目。天蒙蒙亮的时候，凯撒赶上了撒路斯提乌斯的先锋部队。

凯撒骑上战马，和撒路斯提乌斯并肩前行。在行进到高卢与意大利的界河时，凯撒还没开口，士兵已经开始渡河了。等大部队全部顺利渡河后，凯撒依然很犹豫，如果不渡河，那自己就会面临莫大的灾难，如果渡河，那灾难就是对所有人的。凯撒不忍心让人们陷入战争，可开弓没有回头箭，现在只有向前。

当凯撒的部队有如天降一般出现在阿里米努姆城下时，阿里米努姆的守城长官选择了献城自保。凯撒没用一兵一卒就拿下第一座城，这对所有士兵都是巨大的鼓舞，而这也是凯撒进军罗马的一个好兆头，接连到的几座城池也都顺利拿下，没有遇到特别大的阻碍。

庞培如愿让凯撒背负上了挑起内战、破坏和平的恶名，降低了凯撒的政治声望，本以为凭借自己的实力，通过战争彻底击垮凯撒不成问题。没想到两军还没正式开战，战争的局势就发生了如此大的变化。

元老院开始时候还为庞培欢呼，现在一夜之间就转向了凯撒这边。自从凯撒踏上意大利的土地，天地似乎都颠倒过来了。曾经和庞培一起取得荣誉的地方军队也变得脆弱不堪，还没和凯撒交手就自行投降。

就在凯撒攻打科菲尼乌姆时，庞培调转方向，不再向科菲尼乌姆行进，而是赶去了布隆迪西乌姆。凯撒也增派了军团赶到这个地方。要如何与庞培作战，凯撒召开了军事会议。会上有不少将士主张强攻，但凯撒都没同意，庞培绝不是一个简单的对手。最后还是老将撒路斯提乌斯的提议得到了通过：为防止我军久攻不下，庞培有机可乘，可构筑包围工事，把庞培困死在布隆迪西乌姆。凯撒甚是满意，立即组织安排部署。

会议结束后，凯撒和撒路斯提乌斯一起到海边散步。有了御敌之术，凯撒还是心事重重。想到两军对阵，死伤无数的情形，凯撒还是向撒路斯提乌斯说出了自己对和平的渴望，准备与庞培和谈。撒路斯提乌斯有些吃惊，但还是非常支持凯撒的提议，并愿意为和平努力，亲自去庞培军营。

凯撒这才放下心来，一方面积极争取和平，另一方面也为不得已的战争做好了万全的准备。而此时的庞培却是坐卧难安，夜里睡觉也会惊醒过来，独自思考着目前的局势变化，思考着和与凯撒的关系。

庞培满心期待尽快解决凯撒的，如今形势逆转，自己成了被动的一方。接下来要怎么做，庞培一时还没想好。他坐在书桌前，从一沓卷宗里抽出了一封信。这封信是凯撒写给庞培的，带信过来的撒路斯提乌斯被安排在驿站，还没有见到庞培。

凯撒在信中言辞恳切地请求与庞培和谈，争取促成和平。庞培一口气把信读完，也不由地佩服起凯撒来，但转念一想，凯撒可不一般。脑中闪现的"一山不容二虎"让庞培忧虑的心变得更加沉重了。

庞培"腾"地站起身，在屋里来回踱着步，面对着墙上军事地图的一个个小黑点，脑子里开始有了具体的想法。

撒路斯提乌斯已经走了两天，凯撒很是担心撒路斯提乌斯的安危。虽然真诚地抱着和平的希望，但凯撒知道，庞培是不会同意的。

这天早上，凯撒早早起来练剑，正好遇到副将布路图斯。凯撒向布路图斯打听撒路斯提乌斯，听到还是没有消息的时候不禁长叹了一口气。布路图斯认为，撒路斯提乌斯将军是为和平去的，而庞培现在是穷途末路，定会同意和谈，那撒路斯提乌斯将军就不会有事，不理解凯撒为什么会这么担心。

凯撒打住布路图斯的话，微微一笑："将军完全错了，庞培绝不会同意和谈的。"这让布路图斯惊得说不出话来，凯撒拉他一起坐下，给他分析起原因来。

自从战争开始以来，两军从未真正对战过，自然不会了解庞培的真实军力和现在的具体情况。如果此时的庞培龟缩在布隆迪西乌姆，是在积蓄更大的力量准备反攻，他又怎么会同意和谈呢！

凯撒也知道"一山不容二虎"的道理，更清楚庞培发起战争的真正意图。现在形势看好，连连取胜，凯撒依然十分冷静，没有轻敌，所以才没有同意强攻布隆迪西乌姆的建议。庞培军队节节败退不能说明他们不堪一击，前期的胜利是由于自己有准备而庞培轻敌，但决定性的战役还在后面呢！

清楚和谈没有希望，凯撒还是让撒路斯提乌斯冒险前去庞培军营，一来尽力争取和平是责任也是义务；二来可以借机窥探布隆迪西乌姆的地形；三是可以摸清庞培的下一步行动意图，是要继续坚守布隆迪西乌姆，最终还是会退守希腊。

布路图斯听完后也为撒路斯提乌斯担心起来，不由跑到路口，说："撒路斯提乌斯将军也该回来了！"

5. 庞培撤了

撒路斯提乌斯在驿站已经待了一天一夜，庞培却迟迟没有接见。这天早上，撒路斯提乌斯莫名的烦躁起来，在屋里来来回回地走着，还不时望望窗外，希望庞培能够早点派使者来召自己去和谈。

不过这时庞培还没想起撒路斯提乌斯来，天刚亮，庞培就一个人去了城楼。望着城外起来的工事，庞培也是烦躁不安。他没有想到凯撒的封锁工事进展得这么快，如果再不采取行动，等到这些工事结束，自己就真可能要困死在布隆迪西乌姆这个地方了。

庞培急得像是热锅上的蚂蚁，副将多弥提乌斯走到跟前他都没发现。多弥提乌斯来得正好，庞培紧张的心情才放松下来。两个人走到一处城垛上，看着正在修筑工事的凯撒军队，就连多弥提乌斯也不得不承认，凯撒是一个奇才，眼前的工事气势恢宏，让人惊叹。就连多弥提乌斯也看得出，要立即有所行动才行，不然等工事一结束，就都来不及了。

多弥提乌斯说得没错，庞培赞许地点了点头，继续听他说下去。多弥提乌斯认为，凯撒在短时间内就做出这么大的工程，肯定会有不少的漏洞，如果现在主动出击，攻其一点，就能很快摧毁他的防线。庞培否定了多弥提乌斯的这个建议，认为长此以往，凯撒损伤不会太大，自己却有可能损兵折将，到时还会士气大减。

建议被否，多弥提乌斯有些沮丧，但还是又赶紧动起脑子来。庞培依旧充满期待，等着多弥提乌斯的分析。"凯撒修筑工事想要一劳永逸，把我们困死在布隆迪西乌姆这个地方，我们也要放眼将来，不能让凯撒得逞。现在凯撒的工事还没修好，我们可以趁此机会，从还未修好的部分突围出去，带所有精锐部队退守希腊。一来可以在那里充分备战，征召邦国军队前来帮忙；二来，凯撒的海战军队力量薄弱，正可以攻其薄弱部分。"

多弥提乌斯刚一说完，庞培就高兴地笑起来，多弥提乌斯的话说到庞培心里去了。庞培眼睛都露出光彩，一扫脸上的阴霾，也没了心中的犹豫。事不宜迟，庞培当即传令三军，明天一早就登船出发，给凯撒来个措手不及。

第二天一早就行动有些仓促，多弥提乌斯也并没有多说什么，刚要转身离开时，庞培叫住了他，问起凯撒的信使撒路斯提乌斯。知道撒路斯提乌斯还在驿站等候召见时，庞培给多弥提乌斯下了命令，要他亲自处理，斩草除根，以绝后患。

还在房间里的撒路斯提乌斯实在闷得发了慌，他走出房门，穿过小院，径直来到驿站的门口。一开始，守卫官还客气地请他回去，说是奉庞培统帅的命令保护他的安全。可被惹恼的撒路斯提乌斯再一次往外走时，守卫官就用拔出剑阻拦了，而且口气强硬，一旁的两名侍卫也是眼露凶光，好像随时准备拼命一样。

撒路斯提乌斯压住胸中的怒火，又回到了小屋里，他这才意识到自己是被软禁了。撒路斯提乌斯突然发觉和一切都失去了联系，现在已经开始有些慌了，第一次觉得不知所措起来。想办法出去成了撒路斯提乌斯的当务之急。

就在撒路斯提乌斯琢磨着怎么离开这里的时候，外面一阵"咔嚓咔嚓"的脚步声打断了他的思绪。一个戴着白色帽子，围着白色围裙的中年男子提着篮子向这边走过来，原来是伙夫来送午饭……，撒路斯提乌斯看着伙夫笨拙走路的样子，忽然计从心来。

等伙夫敲门进去后，撒路斯提乌斯趁他端出饭菜的时候一把勒住他的咽喉，用布团堵住嘴，换下他的衣服。撒路斯提乌斯穿上伙夫的衣服，顺利地混出了驿站小屋。撒路斯提乌斯前脚刚走，多弥提乌斯后脚就到了驿站，见到屋里绑着的伙夫，便开始满城搜捕撒路斯提乌斯。

撒路斯提乌斯小心谨慎地躲避着官兵的追捕，好不容易在傍晚时候到了城门处，可是根本出不去，城门已经关了，而且还有重兵把守。撒路斯提乌斯只得找了处小酒馆，在那人多混杂的地方既方便躲藏，还可以打听到不少消息。

撒路斯提乌斯刚坐好，酒馆内就进来几个士兵，还有一个是军官模样的。撒路斯提乌斯边吃饭边小心地听着那几个人的对话。模糊中只听清几个年轻的小兵在劝那个军官，"想开点……明年就会再打回来……不早了，该回去了，明天一早还要出发……"撒路斯提乌斯不停地琢磨着，这断断续续几句话的意思，"莫非……"撒路斯提乌斯也被自己的想法吓了一跳，直到自己坚定想法，庞培已经下令明天一早就撤离布隆迪西乌姆，退守希腊。撒路斯提乌斯猛地站起来，放下酒钱，一个箭步就冲了出去，他要马上回去告诉凯撒这个消息才行。

可是庞培的士兵们现在就开始修筑工事了，把城门堵得死死的。撒路斯提乌斯根本就没办法出去，不过却偷偷记下了他们在城内设的陷阱。一直到天快亮了，庞培的军队都开始行动了，撒路斯提乌斯还是没有离开，只得跑上一处高地，连发了几枚信号弹，这是和凯撒商量好的，说明布隆迪西乌姆城内有变，赶紧出兵的意思。

凯撒收到信息后就立刻带兵赶到布隆迪西乌姆城下，庞培留下的几个老弱残兵根本无心抵抗，凯撒的军队很快就进了城。撒路斯提乌斯费了好半天工夫终于找见了凯撒，两个人来不及寒暄，就在撒路斯提乌斯的带领下，避开陷阱，直冲向港口。

只可惜，庞培的军队已经离开海港很远了。凯撒注视着庞培远去的船队，深深叹了口气，自己的军队海上能力弱，只能任由庞培离开。但真正的战争刚刚开始，凯撒就在望着庞培离开的海边召开了军事会议，安排下一步的部署。

第九章 统一罗马

> 唯一好的是知识，唯一坏的是无知。
>
> ——凯撒

1. 凯撒万岁

　　凯撒放弃渡海追庞培的想法，在军事会议上重新部署军队，安排好各个重要关口的把守，以防庞培的反扑。另一方面，凯撒忙着赶去罗马，庞培现在不在意大利，忠诚于他的势力还是一股潜在的危险力量，尤其是他那支老军队和在西班牙行省的力量，可能会趁凯撒不在，对高卢和罗马发动袭击。于是，凯撒在布隆迪西乌姆的军事会议一结束，就急忙赶回了罗马。

　　凯撒回罗马的消息很快就在城内传开了，罗马城顿时变得热闹起来。人们涌上街头，等着一睹英雄凯撒的风采。站在迎接人群前面的是元老院的元老和骑士们，和普通百姓的心理不同，他们此时却是担心和害怕，尤其是听到人群里的议论："听前线回来的人说，凯撒很仁慈呢……"

　　想起上次匆匆离开罗马时的情景，这次再回来，凯撒心中不免感慨万分。伴随着人们呼喊声，凯撒在元老们的陪伴下直接来到公民们集体议事的广场上。

　　和上次在元老院里的演讲不同的是，当凯撒登上高高的讲台时，他面对的是罗马城所有的百姓；而相同的是，凯撒的演讲依然真诚，动情，人们都听得热血沸腾，和他同声同气。凯撒的这场演讲赢得了罗马城的人心，派出使者和庞培谈判的提议也得到了元老院的通过。只是在究竟派谁出使的问题上纠结了好几天，大家都因为害怕而拒绝担任使者。

凯撒没想到在罗马拖了这么长时间，这件事还没着落，他已经不能再等了。凯撒召开军事会议，将罗马城以及意大利的大小事务都做了交代，之后就火速赶往了西班牙。凯撒偕同副将盖尤斯·法比乌斯和六个军团一起进入西班牙，以迅雷不及掩耳之势就赶到了阿弗拉尼乌斯的军队所在地。

阿弗拉尼乌斯是庞培的副将，和佩特雷尤斯、瓦罗两个人分工合作，共同驻守在西班牙，现在已经占据了有利地势，做好了迎战凯撒的准备。

凯撒带到西班牙的军团和骑兵，都是和自己出生入死的兄弟。除此之外，凯撒还从各个城邦召来了显贵的勇士们。为了拉近与这些人的关系，凯撒向军官借钱发给士兵，这样既赢得了军心又拉拢了军官，军队上下更加齐心。

凯撒与阿弗拉尼乌斯的战斗开始于争夺一处高地。两军的第一次交锋，双方都各有伤亡，是在忽胜忽负的情形中结束的。凯撒的军队气势高涨，但毕竟初到西班牙，对地形还不熟悉。

第一次交锋过去没两天又突然降了大暴雨，凯撒的军队遇到了不少的麻烦，不仅刚修好的工事被洪水冲垮了，而且也断绝了外援，士兵的体力也因为粮食短缺而越来越差，阿弗拉尼乌斯却趁机将凯撒包围起来。

形势对凯撒越来越不利，但凯撒并没有乱，他开始命人造船，并连夜将一支军队送过河，给阿弗拉尼乌斯来了个突然袭击。局势从这次开始扭转，阿弗拉尼乌斯的军队纪律散漫，根本敌不过凯撒英勇的骑兵。这一次换成是凯撒的军队包围了阿弗拉尼乌斯的军队，不仅没用太长时间和力气，而且再也没给阿弗拉尼乌斯喘息的机会。

洪水退了，军队的粮食供给有了保障，加上敌军又被围住，凯撒的士兵个个摩拳擦掌，想要痛快地和阿弗拉尼乌斯的军队拼一场。凯撒并没有同意，而是吩咐将包围圈扩大，并劝自己的士兵主动接近阿弗拉尼乌斯的士兵，传递和平的心愿。凯撒向大家解释说，用计谋取胜的责任并不比用剑取胜的责任轻，减少伤亡不仅是只自己一边，对面一定还有不少各位的同乡，希望在彼此都能安然无恙的情况下达成我们的目的。

凯撒的仁慈让所有士兵都感动不已，不少人主动接近阿弗拉尼乌斯的军队，开始向有心投降的敌军士兵传达凯撒的和平主张。没想到的是，阿弗拉尼乌斯得知军营里人的投降意思后，竟然把有过联系的人都杀了。

凯撒争取和平解决的道路被堵住了，想到带着诚心去劝说的士兵，凯撒痛心不已。看来只能用武力解决，于是，凯撒重新披甲上阵。阿弗拉尼乌斯不许和的命令遭到了自己军队的反对，根本无心应战，凯撒这次更顺利地取得了胜利，还赢得了人心。他秉持着和平的心愿，即使对阿弗拉尼乌斯和佩特雷尤斯这些对庞培最衷心的将士也没有太为难，只要他们离开西班牙行省，并且解散他们的军队。

凯撒如约履行自己的承诺，遣散了庞培在西班牙所有的兵力后，任命了新一任的西班牙总督。随后，凯撒就离开西班牙，赶去了另一支军队所在地普拉孙喜阿，那里发生了兵变。

军寨的校场上一片混乱，士兵们都没操练，而是胡乱叫嚷着，他们早把所有的军官都软禁在了帅帐中。士兵之所以会有这种举动还是因为凯撒在布隆迪西乌姆的时候的一个允诺。当时凯撒答应给每一个士兵发五米那，但是庞培的突然撤离也让凯撒的军队有了很大的变动，这支部队到普拉孙喜阿后，军官们也迟迟没有发这笔钱给士兵们。士兵们等的时间一久，就开始怀疑是军官想要贪污这笔钱，所以才有了今天的局面。

士兵们在校场上摆上台子，像审犯人一样审讯几个军官。士兵们愤怒地质问着军官们，有的还拔出了剑，军官们面面相觑，都低下头没有言语，有谁敢在这群狂怒的人群面前申辩什么呢！

就在校场正热闹时，台上瞬间发生了巨大的变化。士兵停止了喧闹和拥挤，低头不语的军官却兴奋不已，"凯撒统帅回来了！……"已经开始有人喊起来。

凯撒痛心地看着校场上的混乱场面，开始了对所有人的讲话。凯撒说，他清楚士兵的请求，也理解他们的心情，但看到他们对军官的反抗，实在是痛心……他的话让士兵们惭愧地低下了头。

但当凯撒决定要用军法处置闹事的士兵时，所有的军官都冲上来求情；凯撒又改变主意只惩罚闹事的负责人时，所有的士兵又齐心要一起承担。面对上下齐心的军队，凯撒这次满意地笑了，没有惩罚任何一个人，还有什么比一支队伍的齐心协力更重要呢！

士兵们感激地跪在凯撒面前，齐声喊着"凯撒万岁、誓死效忠统帅……"的口号，都表示以后绝不再犯，否则天诛地灭。一时间，愤怒的校场换了模样，成了一处欢乐的海洋。

普拉孙喜阿的问题解决后，凯撒停留了一天，第二天便又匆匆赶往布隆迪西乌姆，一路上还派出使者，要各路军队也都火速赶往布隆迪西乌姆。

2. 棋逢对手

就在凯撒奔波在罗马、西班牙、普拉孙喜阿时，庞培在希腊也没闲着，他召集了各个地方的军队，还得到了不少邦国的援助，除去一些辅助兵外，还有特长兵弓箭手、投石手和标枪手……另外，庞培还组建了一支庞大的海军，不仅战舰齐备，还有很多运输舰和载重船。在这一切准备停当后，庞培召开了一场军事会议。

庞培在这次军事会议轻率的断言，凯撒一定不会在这个时候渡海过来的，因为当时已经入冬，天气一天比一天冷了，再加上海上并没有港口，而且，罗马执政官的政事也够凯撒忙一阵的。于是庞培下令只留下海军军官留驻海边，其余军队启程去到位于马其顿和帖撒利的冬营去。会议结束后，庞培信心满满地告别了海军，带队伍出发冬营。

而庞培想错了，凯撒没有耽误片刻，处理完罗马的事物，任命了新的西班牙总督，安定了普拉孙喜阿的兵变后便马不停蹄地赶往了布隆迪西乌姆。而且，凯撒更没有像庞培断定的那样，凯撒在还没等到所有军队都到齐的时候就下定了要立刻渡海的决心。

凯撒兴奋地和所有将士说出自己的想法，认为此刻就是最好的出战时机，可以出其不意地攻击庞培军队，并且表示确信大家会同意自己，期望大家肯定的答复。凯撒的热情感染了听到话的每一个人，大家都纷纷举手欢呼，就等凯撒统帅的一声令下。

时不我待，凯撒立即下令所有士兵上船，但只带武器。船是征集回来的商船，刚一出海就遇到了大风浪，凯撒只好命人在海岸临时休息，等风小的时候再出发。一直到半夜，风渐渐变小，凯撒一边感谢神灵，一边命人吹号启程。

果然是神灵保佑，第二天傍晚时候，凯撒的船队顺利抵达希腊海岸。士兵下船后，船只就立即掉头回布隆迪西乌姆去接余下的军队。

上岸的士兵们都精神抖擞地等着凯撒的号令，完全没有疲惫之意。凯撒将部队分为三路，各自行动。清晨时候，三路军队便将俄利康城围了起来。睡梦中的俄利康城人惊醒过来，面对有如从天而降的凯撒军队，守城的司令官放弃抵抗，开城投降。凯撒留下一支部队接管，然后又趁着朝阳进军下一座城市——阿波罗尼亚。

凯撒对于顺利进军、不费吹灰之力拿下两座城池十分得意，他兴奋地鼓励士兵继续迅速行进，争取在庞培之前赶到他的军械库提累基阿姆，那么庞培一个夏天储备的一切都会归自己所有。士兵在凯撒的鼓动下，也不顾地连日奔波的困乏，士气高涨地继续前进。

发生在俄利康城和阿波罗尼亚的事情很快就传到庞培那里。那时，庞培还在去往冬营的路上，还在兴高采烈地和军官们聚会大餐。庞培也被听到的消息吓愣住了，他沮丧地向军官们宣布了凯撒正在去往军械库的消息。在很长一段时间的沉默后，庞培下令，立即全速赶往提累基阿姆。

庞培再次变得紧张起来，集合起军队来就夜以继日地急行军。为阻止凯撒通过，庞培又命令在军队走过之后就砍倒树木，破坏桥梁。庞培的士兵们筋疲力尽，而有关凯撒的传闻更加重了庞培队伍的恐慌。在强烈的不安中，庞培最先抵达提累基阿姆。

凯撒与庞培隔着一条河安营扎寨。两人谁都没有先开战，庞培继续训练他的新兵，凯撒则是等待着布隆迪西乌姆的军队，可是已经过去了不少天，还是没有任何消息。凯撒和部下培利乌斯商量，不能再等下去，不然战士的战斗热情会被无休止的期待耗尽的，而且后备供给也不足。最后凯撒决定，要培利乌斯留在原地，授权他统帅三军，自己则亲自去布隆迪西乌姆接军队过来。

凯撒是在晚饭后，打扮成使者模样离开军营的，不过当晚天不作美，凯撒没能离开。本打算第二天晚上再去，还没等出发，布隆迪西乌姆的军队赶到的消息就传到凯撒这里。凯撒和安东尼带领的军队会和后兵力大增，将士们求战呼声愈来愈。有了重兵在手，与庞培的一战，凯撒也就没什么可担忧的，于是迅速制定了作战方针，要和庞培决一死战。

准备好了作战事宜，第二天一早，凯撒就将队列拉到了庞培军寨前叫阵。一连好多天，庞培都是闭门不出，根本无意作战，而凯撒的将士开始变得没有力气。凯撒只好又召开军事会议，商量解决办法。

凯撒在会上宣读了一封给庞培的求和信，并解释了原因：既可以争取时间修筑工事围困庞培，又可以借此降低庞培的威信，失去外援。军官们还是很难理解为什么在最后还要求和，但凯撒的号召力是巨大的，大家很快又打起精神，做新的准备。

然而庞培的侦察兵很快就报告了这个最新情报，于是，就在凯撒最后的工事快要完工的时候，庞培的军队突然出现了。他们突破防御工事上的缺口，从背后给凯撒的军队来了一个突然袭击。

凯撒的军队措手不防，被庞培强大的骑兵逐出了工事，仓皇而逃。当凯撒得知消息带兵来救时，只看得到自己的士兵狼狈不堪的样子。凯撒的军队是在没有防备的情况下，遭到了庞培集中优势兵力的猛烈攻击，所以，一拨拨的援兵都没能抵挡住庞培的军队，最后竟连自己人的撤退也成了阻碍，人太多，也太混乱。

庞培的突然袭击让凯撒损失惨重，士兵恐慌不已，仓皇逃命，就连军棋手都把旗子丢在路边。当庞培军队一路屠杀，逼近凯撒营寨时，其余各营也都闻风躲藏。凯撒奔走在慌乱奔走的人群中，无论怎样声嘶力竭地喊也没有用了，现在做什么都无法阻止这场惨败。

一直到夕阳西下，庞培才结束了这场血腥的屠杀。凯撒是在士兵的搀扶下回到营帐的，面对着遍野尸体，凯撒眼中只有复仇的愤怒。

3. 庞培被害了

这原本是一场凯撒军队盼望已久的决战，如今却成了一场庞培个人的"盛宴"。当庞培军队得意洋洋地退场后，只留下了一片尸横遍野的场景。许多在战争逃过一劫的凯撒的士兵胆怯地回到营地，都低下头，不敢看凯撒一眼，知道自己犯了错，都在不安地等待着惩罚。

凯撒刚刚在战场上的那种愤怒已经不见了，相反内心平静地接受了这次失败，所以，当他看到那些自觉犯错的士兵时也没有生气，眼神中反而流露出几分心疼。凯撒松开搀扶着自己的人，整了整衣服，挺了挺腰板，注视着远方，庄严地站在营帐门口。他用充满自信的口吻对士兵们讲话，让自己的士兵兄弟不要因为刚刚过去的事情闷闷不乐，安慰他们不要因此而恐惧，鼓励他们要懂得学会正确认识失败，重新找回自信。

凯撒的每一次演讲总能激励人心，这一次也不例外。他没有责备，也没有抱怨，而是以接受失败的态度，真诚地感谢曾经取得的胜利，并将这次失败归于命运，无比坚定地相信下一次一定会取得胜利。

士兵们抬起低垂着的头，心中的勇气都被凯撒激发出来了，他们重新聚集在凯撒跟前。这次的计划遭受如此大的挫折，凯撒决定改变全部作战计划，他将所有包围庞培军寨的士兵全部撤回，重新集中到一起。凯撒鼓励了大家，但也做出了惩罚。凯撒严厉训斥了队伍的旗手，军旗是队伍的象征，但他们却在逃跑中将自己的职责也抛诸脑后，因此把他们降职到行伍中去。

凯撒的讲话结束后，没有军官的指挥和命令，所有士兵都开始主动清理战场。他们不再恐惧战争，心中巨大的悲愤让他们对战争充满渴望，要在下一场战斗中和庞培的军队决一生死，要为战友报仇，一雪前耻。

士兵们求战心切，凯撒并却没有足够的信心。回想起在战场上落荒而逃的士兵的样子，凯撒还是决定让军队休息一段时间，等到士兵彻底恢复精神，那时庞培军队的警惕心和信心也会落下去一些，这样会对自己这支刚刚经历过巨大恐慌的队伍来说是件好事。

凯撒一刻也没有耽误，当晚就开始运送所有辎重去到法萨卢。

作为这次战争的赢家，此时的庞培完全没有计划接下来的战斗，而是认为战争已经取得了完全的胜利。于是庞培开始沉浸在这次巨大胜利的喜悦中，举行盛大的宴会，给所有邦国的国王写信，通知他们自己取得的胜利……对于局势的发展，庞培信心满满，料定凯撒的士兵会因这次巨大的失败而沮丧，也会因为在战争中的不堪表现而受到惩罚，那么就会有人投降到自己这边。

凯撒的军队在第二天早上就全部撤离提累基阿姆，庞培在召开的军事会议上，得意地宣布凯撒是落荒而逃，根本不足为惧。庞培的属下对于用什么方法赢得胜利并不特别在意，反倒是在会议上就开始计划起了胜利后如何享受和获得权利。现在军队士气正旺，庞培也认为这是一举击溃凯撒，重回罗马的最好时机，会议结束，庞培就带领军队赶去了法萨卢。

而凯撒此时已经在法萨卢安定下来，粮食供应充足，士兵精神振奋，万事准备充足。庞培却是依然没从之前的胜利中醒过来，认为这次来也会和上次一样，轻而易举获胜，根本没有详细的作战计划，而手下的军官也急于分得胜利后的一杯羹，整天催促着庞培早点决战。

凯撒吸取上一次的惨痛教训，先探知了庞培的战斗目的与想法，知道庞培急于一战后才安排好战略战术。在开始出兵前，凯撒的军队在动员大会上彼此宣誓，并大声高喊，如果不胜，绝不离开战场。凯撒为一雪前耻，在士兵宣誓后，为了让大家不忘誓言，先把自己阵营中的一切都摧毁，不给自己留后路。没有了退路，才会一往无前。

战斗号令吹响，凯撒的士兵个个憋足了劲，但没有人乱，都是按照事先的战略部署一步一步来。当两军之间只剩下冲击距离时，凯撒军队率先吹起号角，顿时军号四起，士兵们奋不顾身地扑向庞培阵营。庞培的军队起初还能有序迎战,但面对凯撒士兵一拨又一拨势头猛烈的攻击,后来就开始溃散,加上同盟军和辅助军本来就斗志不强,他们的怯战更加快了庞培军队的失败速度。

不到一天的功夫,庞培眼看军队陷入混乱,知道难以挽回局势,也丧失了信心,于是离开战场,一路逃。凯撒的军队乘胜追击,没有给庞培任何喘息的机会。经过一天一夜的战斗,凯撒的军队取得全胜。在做好敌营和敌兵的安置后,凯撒带了一个军团去追庞培。为了不让庞培有东山再起的机会,凯撒放下一切事务,全力追赶庞培。

凯撒沿路打听,最后确定庞培是逃往埃及,于是急忙赶去亚历山大里亚。

庞培的确是乘船去往埃及,寄希望得到埃及国王的帮助,日后再杀回来。但毕竟大势已去,庞培快到埃及时,自己的船没被允许靠岸,而是被一艘小艇单独接走。庞培预感大事不好,最终还是跟随埃及国王派来的人一起上了小艇。就在小艇快要到岸边时,庞培忽然注意到身边的人脸上杀气尽显,眼露凶光,等他反应过来,后背已被那人狠狠地插了一刀。

庞培充满希望的来到埃及,没有想到的是还未登岸就命丧黄泉了。

4. 扫清余党

庞培死后的第三天,凯撒的舰队到达了亚历山大里亚港。和庞培来到时候的情形大不相同,这一天风和日丽,凯撒站在船头欣赏着美丽的海港风光,而在岸上,早就挤满了迎接他的队伍。主持这次迎接活动的就是刺杀庞培的两名使者：波提努斯和阿基拉斯，不过他们这次没有安排小艇单独接凯撒，而是站在翘首企盼的人群前列，代表国王迎接凯撒。

凯撒的船队靠岸了。凯撒全身戎装走下船，热情地回应着欢呼的人群。波提努斯双手抱着一个匣子，大步走上前去，面带微笑着给凯撒深深一鞠躬，递上手中的匣子，代表埃及法老托勒密十三世表达对凯撒的欢迎。

凯撒也停住脚步，打量起这个谄笑的波提努斯，心里不觉有一种说不出来的厌恶，但还是微笑着表示感谢，并接过他手中的匣子，随口问道，匣子里是什么？波提努斯的笑神秘中又有得意，说那是凯撒最想得到的东西。

凯撒不解，小心地打开匣子，差点一把扔出去。匣子里面是一颗人头，凯撒并没有认出是威风凛凛的庞培，因为那脸已经扭曲得不成样子。当波提努斯告诉凯撒，这个人头就是庞培后，凯撒开始仔细看着庞培死后依然怒睁的双眼，完全没有理会波提努斯得意洋洋地讲述刺杀庞培的过程。脸色却一会儿红，一会儿白，眼里也透出深深的愤怒，没等波提努斯说完，凯撒便一剑要了波提努斯的命。

喜庆的欢迎现场瞬间变成了混乱的战场，凯撒虽然英勇，毕竟寡不敌众，埃及国王的军队很快赶过来，凯撒的军队也只好退回船上，而亚历山大里亚人并没有想就此罢休，一路追杀过来。老天垂爱，当天顺风，凯撒的舰队迅速突围出去。

现在庞培死了，自己也已经为他报了仇，两人的恩怨算是这样了结了。想到这场混战已经让军队损失过半，凯撒顿时觉得疲惫不堪，本来和埃及国王关系不错，不想还没和托勒密见面就变成了仇敌。

舰队在回程中遇到了克里奥佩特拉的救援船队，克里奥佩特拉是埃及国王托勒密十三世的姐姐，被宦官陷害后驱逐到叙利亚，因为不甘心，于是召集军队重返埃及。克里奥佩特拉听说弟弟的舰队在追杀凯撒，所以特地赶来救援。

凯撒听完克里奥佩特拉的诉说，答应帮助这位埃及女王重登宝座。凯撒从希腊调来庞大的援军，经过艰苦的斗争，战胜了小国王托勒密十三世，克里奥佩特拉重登埃及宝座。凯撒与克里奥佩特拉感情也越来越好，在帮助她实现心愿后，两人就结为夫妇，去了尼罗河度蜜月。

正当凯撒在尼罗河玩得开心的时候，他接到了庞培的余党在阿非利加起事的消息。凯撒和克里奥佩特拉依依惜别后，便马上召集军队赶回罗马，要去阿非利加作战。

从希腊战场上逃走的显贵们比庞培幸运，他们逃往了科西拉，去找了庞培的谋臣加图。以庞培的岳父西庇阿为首，在和加图会和后才去的阿非利加。他们重新召集了一支军队，为新的战争做好了准备。

凯撒计划从海上过去攻击西庇阿的营地阿德鲁米顿，不过当他赶到的时候西庇阿没在营地，西庇阿去争取邻国的支援了。凯撒想要趁西庇阿不在的时候和他们交战，不料被西庇阿的副将雷宾那斯和培特利阿斯在夜间袭击，损失惨重，大败而逃。所幸西庇阿的副将没有乘胜追击，凯撒才又幸运地逃过一劫。

首战惨败，凯撒的军队士气大不如前，加上很快就听说西庇阿带回了援军，还有战象，士兵们都不由恐惧起来。不过凯撒的运气一直不错，西庇阿的援军还没抵达时就出了状况，庞大的军队又悉数返回，只留下一半的战象。凯撒的士兵们这时重新鼓起勇气，在战场上奋力拼杀，战斗异常激烈，时间也过了很久，凯撒的军队直到入夜才攻下西庇阿的军营。

凯撒第一次被突然袭击大败而逃，第二次虽然心有余悸但奋力拼杀终于大获全胜，西庇阿的军队全军覆没，而西庇阿抛弃军队，连夜从海上逃跑，去乌提卡见加图。

粉碎了西庇阿的势力，庞培的余党就清除了一大半，现在就只剩下乌提卡的加图了，所以，凯撒没有停歇，也往乌提卡赶去。

凯撒进军乌提卡的消息很快传到了加图耳朵里，他没有像其他人一样想办法逃跑，也并没有阻止任何人，而是一如往常的做自己的工作，还会为有需要的人提供帮助。

凯撒的军队还没有赶到乌提卡，加图自杀的消息就已经传到了凯撒那里。自从庞培死后，加图就是所有庞培余党的依靠，现在加图一死，那些人也因此绝望，不再试图反抗。西庇阿在赶往乌提卡的海上遭遇了大风暴，最后死在了大海上。

凯撒参加了乌提卡人为加图举行的葬礼，在葬礼上，凯撒宣布赦免乌提卡人和加图的儿子，仁慈地处理了投降的士兵。

这一次，凯撒终于可以安枕无忧地返回罗马，去参加在那里为他举行的凯旋活动。

第十章 惊天的阴谋

你即使是收获了全世界，如果没有人与你分享，你将倍感凄凉。

——凯撒

1. 噩耗

凯撒战胜庞培的消息传回罗马之后，整个元老院的人都惊呆了。在此之前，大家都对这场战争有过一些自己的猜测。这个结果还是来得太出乎意料了。大家无论如何都没有想到，庞培会失败得如此迅速、如此彻底！

除此之外，元老们还得到一个消息，凯撒竟然没有追究庞培手下那些将领的罪责。他不仅没有责罚他们，而且还让这些将领继续担任原本的官职。

听到这个消息后，诸位元老的心中都开始有了算计。保民官库里欧静静地坐在座位上，他的眼睛不时扫向这些心思各异的元老们，似乎在等待着这些陷入幻想中的人们能够醒转。

沙漏中的沙一粒一粒落下，这些元老们似乎完全沉浸在了自己的思索计算中，没有丝毫醒转的迹象。库里欧不得已，咳了一声，惊醒了这些忐忑不安的元老们。他知道，这些元老们必然在回忆，自己曾经是否得罪过凯撒这位未来罗马的执政者。

同时，库里欧也明白，无论这些元老们曾经为了什么样的理由而对付过凯撒，当凯撒归来后，他们都将会得到赦免。只是，库里欧担心，对于有着鸿鹄之志的凯撒而言，这些思想腐朽、将更多目光放在自己利益身上的元老们，终有一天会构成威胁。

当然，库里欧惊醒元老们的目的并不是要对他们进行恐吓，他只是觉得，这个时候，至少自己应当履行一下身为凯撒代言人的职务了："各位尊敬的元老们，我相信，大家对罗马所做的贡献，凯撒将军一定明白，所以，大家无需为自身安全而担心。现在当务之急，我们是不是应当考虑一下凯撒将军回来后的欢迎仪式以及凯撒将军的职务了？"

库里欧的话语再次让这些元老们吃了一惊，他们也想到，无论凯撒是否会针对元老院，他们都需要为凯撒这次的胜利举行凯旋仪式，而且欢庆活动的时间还不能太短。这样，即使凯撒的心中对元老院不满，至少看在凯旋仪式的份上，也会有所让步。

至于凯撒的职务，元老们经过商议后，一致同意将凯撒曾经推掉的"独裁官"官职位，重新授予凯撒，掌管罗马几乎一切的事务。

时间一天天过去了，凯撒大军的脚步也渐渐近了，罗马城中的人们都喜气洋洋地做好了欢庆的准备。大家都已经得到了消息，凯撒将会成为罗马的最高行政官，而且元老院也下令，要为他举行为期十天的凯旋仪式。

这一日清晨，空中的星星还没有完全消失，但是罗马城的大门早已敞开，城卫军精神抖擞地站在道路两旁，人数明显比平日多了一倍。在城卫军的身后，漂亮的侍女手中挎着装满花瓣的篮子，她们安安静静地站着，嘴角还带着一丝笑意，似乎即将出现的勇士中有独属自己的英雄。

侍女的身后，则是身着节日礼服的密密麻麻的人群，而且远处的街道上，还有人断断续续地从家中走出，加入到等待的队伍中。众人都希望，能够在第一时间与罗马的勇士们分享成功的喜悦。

天空逐渐亮了起来，人群中突然响起了一个声音："来了，来了！"在这个声音之后，越来越多的欢呼声响了起来："看到了，我也看到了。""近了，更近了。""……"

骑着黑色战马的凯撒，远远地就望见了那黑压压的欢迎人群，他的脸上也露出了一丝喜色，自己终于成功了！当他走到迎接的队伍之前时，看到穿着礼服的人们以及挎着篮子的美丽侍女，这一刻，凯撒有些恍惚了。

他的记忆似乎在一瞬间又回到了过去，想起了姑丈站在马车上，背后朝阳光芒万丈的情景；想起了那样一个欢庆的早晨，自己所发出的誓言；想起了跟在秦纳身后的那个美丽身影……忽然间，凯撒觉得心中一阵痛苦袭来，这一瞬间，似乎连呼吸都成为了一种奢侈。

仿佛过去了好久，又仿佛只是过去了一眨眼的时间，当凯撒重新清醒之后，环视四周，他发现并没有人注意到自己的异常，但是那一瞬间的痛苦，却又是如此的清晰，根本就不可能是自己的幻觉。

不过，看着周围欢呼的人群，凯撒知道，自己应当有所表示了。他伸出手，对着人群的方向缓缓地挥了挥，脸上露出了迷人的微笑。而随着凯撒的动作，人群中的欢呼声更大了。侍女们已经纷纷挥洒起花瓣，她们的眼中充满了崇拜与爱慕。

凯撒为大家作了一个简单的演讲之后，立即宣布：为期十天的欢庆仪式正式开始！凯撒的话语让现场的民众再次陷入了欢呼之中。而他自己，则趁着整个场面都陷入欢呼的时候，在副将拉频弩斯的耳畔悄悄说了几句话，然后就在亲兵的保护下，回到了自己的家中。

到达家中之后，凯撒命人将罗马最为神秘的占卜师请了过来，他将自己在城门前的状况向占卜师描述之后，请求占卜师为自己消除疑惑。

占卜师盯着凯撒看了一会之后，摇摇头，开始了祷告与占卜。凯撒紧紧地盯着占卜师的动作，等待着最终的结果。但是，当占卜师停下来之后，凯撒发现，占卜师的眼中竟然闪过一丝迟疑。

凯撒的心中更加紧张了，他想知道，占卜的结果究竟是什么？在他的追问下，占卜师终于开口了，不过这个消息让骄傲的凯撒有了一种难以接受的感觉。占卜师告诉凯撒，有一种无可治愈的疾病正在悄悄地腐蚀着凯撒的身体，现在会出现短暂的昏厥，但是随着时间的流逝，有可能会神志不清，甚至无法控制自己的身体。

这一刻，凯撒想冲着占卜师大喊大叫，想喊来亲兵将这名欺骗自己的占卜师就地处决。他冷峻的脸上一丝杀意隐隐显露了出来，占卜师已经低着头，盯着地面，不敢向凯撒再看一眼了。

最终，凯撒仍然没有下达命令，他对这名占卜师提出警告之后，就让占卜师安全地离开了。

当占卜师离开屋子时，他仿佛听到，身后的房间内传出一声长长的叹息。

2. 遗嘱

十天的欢庆时间一眨眼就过去了，陷入兴奋中的人们并没有注意到，这十天中凯撒出现的次数并不多，而且每次出现的时间也非常短暂。

就在大家都以为生活逐渐平淡时，元老院中突然传出消息，凯撒将担任罗马的独裁官！刚刚沉寂下来的人们再次沸腾了，他们为凯撒的成功而欢呼，为元老院英明的决定而庆祝，同时，也为了未来更加美好的生活而起舞。

消息传出去几天之后，元老院就为凯撒举行了授予独裁官职务的仪式。仪式结束后，凯撒宣布了自己成为独裁官的第一条政令：

即日起，赐予北意大利以及西西里岛的人民罗马公民权，从此得以享受罗马公民的一切权利。

除此之外，凯撒还与索西琴尼共同制作出了儒略历，并且在罗马开始施行。其后不久，执政官的竞选再次开始，马克·安东尼在凯撒的支持下成功当选，成为了凯撒的代言人。

凯撒的一系列动作，让那些蠢蠢欲动的元老们再次沉寂了下来，他们似乎看到了当初那个当着众人的面，将另一名执政官直接轰出元老院的睿智青年，再次向众人展现了他的锐气。

没有人知道，这名雷厉风行的独裁官心中那份恐慌与不甘。凯撒的心中，一直都留着一个梦，一个成为罗马帝皇的梦！但是，现在自己与这个梦想只有一线之隔了，身体却无法再继续等待了。

那天，占卜师离开之后，凯撒在房间中一个人静静地坐了很久，直到他的妻子卡尔普尼亚·皮索尼斯走了进来，他才停止了思考。但是凯撒脸上的沮丧仍然引起了卡尔普尼亚·皮索尼斯的注意，她从来都没有在丈夫的脸上见到过这样的表情！

但是，当卡尔普尼亚·皮索尼斯向凯撒询问时，凯撒却回答说没有任何事情。的确，对现在意气风发的凯撒来说，还有什么能够阻碍他呢？原本卡尔普尼亚·皮索尼斯还想问问凯撒，外面风传的埃及艳后与凯撒在一起的消息是不是真的。可是在看到凯撒那憔悴的面孔之后，她的心中忽然就放弃了这个念头，只要他还在自己的身旁，那些又有什么关系呢？

卡尔普尼亚·皮索尼斯不知道的是，这个时候，她身旁的凯撒却已经开始思索着死亡以及死亡之后的事情。

凯撒无法容忍自己历尽千辛万苦才平定的罗马，会在不久之后再次发生动乱。他希望，即便是自己的身躯死亡，灵魂从这个世界离去，但是自己开创的这一番局面，能够有人站出来，支撑并维护下去。

占卜师离去之后，凯撒经过长时间的思索，已经从牛角尖中走了出来。其实，征战这么多年，他也曾遇到过危机，也曾面临过绝境，对于死亡，他早已不再陌生。凯撒只是不甘心，刀山剑雨中自己都挺过来了，难道最终要死在病床之上么？

"不，如果死亡即将来临，那么让我突然死去吧！"凯撒在心中暗暗地向自己说道。

这些天来，凯撒一直都在心中思索着，究竟谁可以真正地继承自己的事业呢？最终，他的目光放在了自己的甥孙——屋大维身上。

十六岁的屋大维很早就已经表现出了自己过人的智慧与才能，在他的身上，凯撒似乎看到了曾经那个青涩、对欲望毫不掩饰的自己。凯撒相信，只要给予屋大维足够的时间，他一定能够将自己开创的事业继承下去，或许还会比自己做得更好。

为了保证当自己死亡之后，屋大维能够有足够的财富进行必要的政治活动，写遗嘱时，凯撒将自己的财富分成了四份，并且计划，其中的三份都由屋大维继承，剩下的一份则由姐姐的另外两个孙子共同继承。

计划好这一切之后，凯撒就将关注的目光着重放在了屋大维的身上，他总是为屋大维安排许多事情，而且每一件事情都一定要屋大维说出自己的看法。虽然众人时常看到凯撒指着屋大维大骂出口，但是他们的心中都清楚：凯撒对屋大维是疼爱到了极点，他正在从一点一滴的小事中培养着屋大维的思维与做事方式。

不仅如此，凯撒还将在高卢大地作战的经历、与庞培作战的经历都写了出来，然后将这些笔记送给了屋大维，让他从中学习作为将领的基本谋略。

这天，执政官马克·安东尼来到了凯撒的家中，他向凯撒说，罗马人民都非常感激凯撒为众人带来了久违的和平，因此，为了表示大家的尊敬与感激,他们集体请求建立一个和平广场,以此来表彰凯撒的伟大功绩。

安东尼的这个建议让凯撒颇为心动,不过,他还是笑着对安东尼说道:"亲爱的执政官大人,这个请求,您似乎应当与元老院商议啊。"

听到凯撒的这句话,安东尼明白了凯撒的意思,点点头,告辞离开了。不久之后,元老院中就传出了消息:凯撒为久经战火的罗马人民带来了和平与幸福,为了对他的贡献作出表彰,元老院决定建立一个"和平广场",并在广场中记下凯撒的伟大功绩。

当凯撒从亲卫的口中得知这个消息之后,他没有说话,只是,亲卫从他的嘴角分明看到了一丝笑意。不知道为什么,亲卫忽然觉得,这一丝笑意中全是满足。

3. 平定叛乱

凯撒将自己的经历都提供给了屋大维,但是他清楚,即使自己为屋大维提供再多的书籍,教授再多的知识,如果屋大维无法在战场上应用自如,那么这一切努力都将付诸东流。因此,凯撒将屋大维带在身旁过了一段时间之后,就派他出去清剿海盗了。

屋大维离开之后,凯撒的心中仍然思索着最适合锻炼军事才能的战场。这时,亲卫走了进来:"大人,刚收到在西班牙的探子传回来的消息,庞培的两个儿子在西班牙集结起了一部分士兵,公然向您宣战。"

凯撒心中大喜:"庞培的传人,刚好可以作为屋大维的磨刀石啊!"。他立即下令召回屋大维,同时命令自己那些正在休整的士兵迅速集合，做好出征西班牙的准备。为了避免自己离开之后，元老院中那些反对自己的贵族长老们又趁机作乱，凯撒将安东尼与布鲁图斯留了下来，而且为了保证罗马的安全，当他离开罗马赶往西班牙的时候只带了五个军团。

在行军的路上，凯撒又得到消息，前方庞培的大儿子格奈乌斯异常勇猛，而且有着极高的作战天赋。凯撒的两名副将带领的防守队伍都被他迅速击败了，罗马的军队正处于溃退的状态中。

凯撒想起了临行前，占卜师向自己说的话："快速行进，神与你同在！"他淡然一笑，然后命人将屋大维带到自己的身前。他向屋大维说道："孩子，现在前方格奈乌斯的攻势非常猛烈，我命你带领两个军团急速行军，去支援前线，你能够防守住么？"

年轻的屋大维眼中闪着智慧的光芒："大人，您放心吧，我一定不会让您失望的。"

"好，你带人立即出发吧！"凯撒下达了命令。

屋大维出发后，凯撒带领着大军压着辎重以正常速度向前赶去，不过，接连几天他都没有再收到求援的消息，每次探子回报的时候，都会向凯撒说，敌人来势汹汹，而且人也非常多，但是在屋大维的带领下，众人还是咬紧牙关、坚持了下来。

这些天，通过手中掌握的格奈乌斯的消息，凯撒也分析出，这一次，庞培的两个儿子所集结的人数恐怕已经超过了十五个军团，而前方的阵地上只有五个军团，加上屋大维带去的2个军团也远远不是格奈乌斯的对手。

但是现在屋大维却成功地拖住了格奈乌斯前进的脚步，为凯撒争取了时间。当凯撒到达乌利娅之后，他见到了那两名被格奈乌斯打败的副将。两名副将身上的铠甲已经经过了清洗，上面那斑斑点点的血红迹象依旧存在。他们的身上还有伤口，眼中也布满了红丝，一脸的疲惫之色。

见到凯撒之后，两名副将都跪伏在地："大人，我们辜负了您的期望，被格奈乌斯攻下了科尔杜巴城，请您降下责罚！"

凯撒上前扶起了他们，安慰道："敌方势大，且事发突然，这事怪不得你们，不必过于自责。当年我们能够击败庞培，现在还担心他的儿子么？"

两位将领的眼睛都红了，他们向凯撒请战，表示一定率领手下的士兵，将科尔杜巴城抢回来，但是凯撒摇摇头，没有同意他们的请求。

这时，站在一旁的屋大维站了出来："大人，经过这几天的交战，我发现，敌军人数众多，但是好在我方装备精良，也可以再拖延几天。不过，如果时间一长，恐怕军心懈怠，乌利娅就会沦陷啊。"

两位将领刚想站出来反对屋大维的评价，不过想想这些天来将士们的努力以及劳累，他们也不敢保证，究竟可以支撑到什么时候，因此，两人又退了回去。

凯撒饶有兴趣地盯着屋大维："那你说说，有什么好方法可以解此之围？"

屋大维自信地答道："我已经打探过了，科尔杜巴城被攻下之后，由庞培的另一个儿子，也就是格奈乌斯的弟弟——赛克斯图斯率军防守。格奈乌斯带领了这么多人前来攻城，那么守城的人必然不会多。只要我们派两个军团的人，绕过去展开进攻，那么赛克斯图斯肯定会向格奈乌斯求助。

"这时，我们可以在半路设伏，同时乌利娅的守军也可以趁着敌军撤退时，顺势掩杀，甚至有可能一举歼灭格奈乌斯。"

兴奋的屋大维说完之后，将期待的目光放在了凯撒的身上，希望能够得到凯撒的赞许。但是他很快就发现，凯撒同他点了点头，有称赞的意思，却并没有表现出采纳这个建议的意向。

屋大维正想问时，凯撒说话了："那如果格奈乌斯与赛克斯图斯夹击突袭的这两个军团呢？再说，两个军团，即使是打伏击战，你认为能够将十五个军团的敌人都消灭了么？"

问完这两个问题的凯撒脸上依旧带着笑容："不过你的计策还是有可取之处的，我们可以去袭击科尔杜巴城，也可以打伏击战……"

屋大维有些疑惑了，这不就是自己的那个计策么？这时，凯撒看着他，又继续说道："我们打伏击战的目的是骚扰而不是歼灭敌人，我们的目标应该放在阿特瓜这个城镇上。"

众人眼前一亮，终于明白了凯撒的计划，只要格奈乌斯的军队在奔波的路上，他们就可以无限打伏击，逐渐损耗敌军的数量。同时，阿特瓜是格奈乌斯军队粮食囤积的地方，只要占领或者烧毁粮仓，那么格奈乌斯溃败将成定局。

明白了凯撒的布置之后，一切都变得简单起来。凯撒的军团凭借着速度优势，一次又一次地歼灭敌人小股部队，然后又迅速撤离。最终，当格奈乌斯的队伍疲惫不堪时，凯撒的大军也追了上来，格奈乌斯死在了乱军之中。

而后，凯撒大军又以闪电般的速度攻下科尔杜巴城，俘获赛克斯图斯，不过，面对庞培最后的血脉，凯撒没有痛下杀手，而是将他流放到了西西里。

4. 终身独裁官

凯撒在短短的时间内以少胜多的事迹传回罗马后，人们再次沸腾了。他们为拥有一位如此睿智、勇敢的领袖而骄傲、自豪。大家奔走着，相互诉说着凯撒的战绩，同时也猜测着，这一次返回罗马的凯撒将会得到什么样的奖励呢？

与兴致勃勃的民众不同，此时的元老院中却是一副愁云惨淡的模样。大家都紧皱着眉头，苦苦思索着，应当如何应对凯撒的这次凯旋。良久之后，一位元老开口道："凯撒担任的独裁官的职务，已经是罗马最高的职位了，难不成……"

"不行，那绝对不行，自从凯撒成为独裁官之后，他为士兵们谋取土地，为土著们谋取权利，大力打压那些投机取巧的官员，就连我们的利益都已经因此而受到了很大的损失。如果再让他一言九鼎，那我们不是更没有活路了么？"另一位元老没有等话说完，就急急忙忙地跳了出来。

他的话显然引起了大家的共鸣，一时间，整个元老院安静了下来，大家都静静地思索着，考虑着究竟要如何做才能妥善解决这件事情。

突然，一名元老开口道："作为一名军事独裁官，我们无法影响他的决定，但是我们可以左右他任期的时间。现在既然凯撒已经无法再进一步，那么不如我们将这个权利也交出去，选他作为'终身独裁官'，你们看如何？"

众人的脸上都露出一副若有所思的神情，推选凯撒作为终身独裁官，名义上给了凯撒嘉奖，凯撒却无法从中得到好处，他的权力仍然与独裁官时一样。而且还可以看出元老院为凯撒做出了许多让步。

想清楚这些之后，笑容重新出现在了元老们的脸上，他们一致同意了这项奖励。

当凯撒返回罗马之后，元老们就向他传达了这个消息，同时做好了任命仪式的准备。凯撒听到这个消息后，很快就明白了元老们的打算。不过，他并没有过于计较，而是淡然一笑，接受了"终身独裁官"这个职位。

凯撒明白，或许一直到离开这个世界的时候，这个职务都将伴随着自己，他仍然决定尝试一下。没有尝试就放弃从来都不是凯撒的习惯，以前不是，现在也不应该是！他喊来占卜师，两人在房间中用低低的声音说着什么，只是其中会不时夹杂着占卜师的惊呼与抗议。

第二天，凯撒早早的到达了元老院中，他向诸位元老提出，罗马的大多数地方都已经结束了战争，但是曾经参加卡雷会战的战士们仍有大约九千人被俘虏在帕尔提亚，他们也是罗马的子民，也应当享受罗马人民的权利。因此，凯撒提出，请求元老院允许自己率军出征，解救那些受苦受难的战友们。

元老们的脸上满是疑惑，他们觉得凯撒的目的肯定不会这么简单。

凯撒请求之后，看到元老们并无人反对，于是按照战士出征前的仪式，请求占卜师为自己军团的此次出征占卜吉凶。等了许久之后，占卜师缓缓地走了出来，他在众人面前，对着凯撒说道："帕尔提亚只有王者才可以征服！"

凯撒用眼角悄悄地观察着元老们的脸色，他发现，占卜师说出这句话之后，几乎所有的元老都露出了复杂的神情，有震惊、有愤怒、还有恍然大悟。凯撒不禁在心中暗叹一声："时机还是未到啊。"

他转身，长长地叹了一口气，然后离开了元老院，只留下一群在心中暗自怀疑、担忧的元老们。

对这些元老们而言，这一天的确是难以忘记的日子，他们似乎看到了一朵乌云悄然而至，在不经意间挡住了太阳的光芒。元老们觉得，不能再任由事情发展下去了，他们害怕，如果没有相应的对策，那么凯撒终究还是会走出那一步，那个时候，他们就再也无能为力了。

元老们悄悄地联络了布鲁图斯和卡西乌斯，他们劝说这两位将军能够站在正义一方，为了罗马人民的幸福，为了罗马的未来，要坚决地将凯撒这个即将称王的独裁者消灭在萌芽之中。

布鲁图斯是凯撒率领下的年轻将领，曾经跟随着凯撒立下了赫赫战功。在元老们的特意安排下，周围关于布鲁图斯的传言却都全是负面的。大家都说，布鲁图斯之所以能够取得那么多的战功，并不是他有多么优秀，只因为他是凯撒的私生子。

因为这些流言，布鲁图斯的心中对凯撒也充满了怨恨，他希望能够找到机会证明自己的才能，让大家明白，自己之所以出色是因为忠诚、智慧、勇敢，而不是凯撒的缘故。而卡西乌斯则是庞培的旧将，庞培死亡之后被凯撒赦免的。

当元老们找到两人，将目的说出来之后，两人稍有迟疑，不过，很快就被能言善辩的元老们说得热血沸腾，恨不得立即冲进凯撒家中，成为罗马史上的英雄。

两人答应后，元老们准备将一切都商议好，做到万无一失。大家都清楚，如果计划泄露，或者没有成功，那么对于众人都将是个灾难。凯撒虽然表现得极为宽容，但是大家谁也不会相信，凯撒能够放过亲手谋杀自己的罪犯！

5. 死亡？新的开始！

天黑了，凯撒与卡尔普尼亚·皮索尼斯坐在桌子旁静静地吃着晚餐。卡尔普尼亚·皮索尼斯很享受这一刻的安宁，自从她跟随了凯撒之后，凯撒就一直忙着东征西战，同她在一起的时间非常少。

卡尔普尼亚·皮索尼斯静静地看着凯撒，他已经不再年轻，前额甚至都没有了头发，但是当他抬起头时，你就能够发现，他的眼神睿智而锋利，似乎所有一切的阴谋诡计在他的眼中都无处遁形。

卡尔普尼亚·皮索尼斯的凝视让凯撒有所感觉，他抬起头，停止了吃饭，看向自己的妻子。这一刻，他的眼神中才没有了锋芒，而是充满了柔情。这些年来，凯撒在家中停留的时间太少了，他总是带领着士兵冲锋陷阵、浴血奋战，他为罗马赢得了荣耀，但是却欠妻子一份幸福。

卡尔普尼亚·皮索尼斯最近总觉得有些不安，她曾向占卜师询问过自己以及家人的运程。但是占卜师的回答让她更加惶恐不安，占卜师告诉她，3月15日这天对她的家庭而言，将会有一场灾难，不过，如果她们一家能够待在家中不外出的话，或许可以躲过这次灾难。

仆人上前撤走了餐具，卡尔普尼亚·皮索尼斯还在低着头，考虑着要如何才能够劝说凯撒在3月15日的时候陪伴着自己。当她抬头看见凯撒的眼神后，心中忽然就有了一种明悟：凯撒的心中早已有了安排，而他的计划是任何人都不能干涉的。

这种感觉来得是如此地莫名其妙，却又是如此的真实，让卡尔普尼亚·皮索尼斯的心中泛起一阵无力感。随即，她又想通了，这样的凯撒才是自己喜欢的那个顶天立地的男子，才是那名捍卫了罗马尊严的英雄！只要有他在，有什么样的灾难是不可避免的呢？

凯撒望着美丽的妻子，心中充满了感激。他明白妻子想要说的话，在这个罗马城中，还有什么事情能够瞒得住自己呢？她最后还是忍住了没说出来，也避免了凯撒为难。他不知道，亏欠多年的妻子如果开了口，自己还能够狠下心走出那一步么？

这时，一阵脚步声打破了夫妻俩的温馨，一名亲卫走了进来，在凯撒的耳旁悄悄说了几句话，凯撒点点头，示意自己清楚了事情的缘由，然后就让亲卫离开了。这一夜，凯撒不想让任何事情再来打扰，他想留给妻子一个美好的回忆。

黑暗渐渐褪去，光明重新降临人间。凯撒坐起身，缓缓地穿着衣服，他望着还休息的妻子，眼中闪过一丝不忍与迟疑，但最终还是被坚定与决绝压了下去。他没有再犹豫，转身离开了房间。凯撒不知道，就在他离开房间，房门关上的那一瞬间，仍然躺在床上的妻子眼角一滴泪珠缓缓地落了下来……

此时，马克·安东尼则在房间中不停地踱着脚步，他得到消息，元老院的人已经谋划好刺杀凯撒。让马克·安东尼犹豫的是，自己是否需要派人通知凯撒。如果凯撒被刺成功，那么自己就将成为罗马的真正执政官……马克·安东尼的眼中流露出一丝挣扎，通知还是不通知？

突然，马克·安东尼想到了屋大维，想起了那个倔强、睿智而勇敢的少年，他知道这名少年此时正在阿波罗尼亚的军团中。马克·安东尼都觉得有些好笑，但是想到这个少年的时候，他的心中分明感到了一阵不安。

终于，他停了下来，匆匆写下一行字，然后喊来一名心腹，让他速速为凯撒送去。心腹离开后，马克·安东尼长长地出了一口气，心中感到一阵前所未有的轻松。

凯撒的队伍仍然在向着元老院的方向前进，他要到那里去聆听元老们刚提出的请愿书，聆听元老们收集到的民众的意见。凯撒的脸上仍然带着一丝笑意，迎着朝阳的方向，仿佛是即将踏上天界阶梯的战神。

在元老院的大门前，凯撒向亲卫吩咐道："今天你们就不用进去了，在外面等着我就好了。"

看着自信、脸上仍然充满笑容的凯撒，原本想争执的亲卫选择了服从："是，大人！"的确，在罗马城，还有谁能够伤害凯撒呢？即使他们有下手的心，恐怕也要掂量掂量凯撒背后几个军团的分量。

凯撒转身一个人走了进去，往日总是充满喧嚣的元老院，今天出奇地安静。他发现，所有的元老都恭恭敬敬的坐在自己的位置上，似乎都已经统一了意见，真心向凯撒臣服了一样。

凯撒走到自己的座位前转身坐了下来，他用眼睛扫了一圈周围的人群，发现布鲁图斯、卡西乌斯也赫然在此，心中有了一丝怒意，但是凯撒并没有在脸上表现出来。

这时，卡斯卡拿着一份陈情书向凯撒走了过来，他恭敬地将陈情书递到凯撒手中，就静静地站在了凯撒的身后。

凯撒低头看向这份陈情书，同时也在心中猜测着元老们下一步的计划。忽然，他感觉到身旁优异，转头一看，卡斯卡正举起手中的匕首向自己的脖子刺来。凯撒一把就抓住了卡斯卡那慢腾腾还颤抖的手，同时喊道："你这个恶人，想要做什么不轨的事情么？"

卡斯卡更加害怕了，他大声喊道："兄弟们，你们还在等什么？"随着卡斯卡的喊声，大家都从座位上站了起来，拿出藏在身上的匕首，纷纷向凯撒冲了过来。

凯撒大笑着站起，这一刻，他仿佛再次回到了金戈铁马的战场，这样才是最适合战士的归宿。他大展身手，一拳一脚都狠狠地砸在这些惺惺作态的伪君子身上。但是，当布鲁图斯与卡西乌斯冲到凯撒的面前之后，这种局面很快就被改变了。

当元老们的包围圈散开之后，只见凯撒的身上几乎布满了匕首刺过的伤口，仍有鲜血在不断地流出，他的双眼望向大门外那漂浮着白云的蓝天，似乎看到了英勇的屋大维率军平定了这一切的阴谋者，然后成功地踏上了帝王的宝座。

凯撒觉得自己似乎离开了身体，轻飘飘地向那白云飞去，他似乎感觉到了周围的元老们那如释重负的呼吸声，但是，他很想告诉他们：战争，还远远没有到达结束的时候！

　　只不过，凯撒已经说不出任何的话了，他甚至无法再露出那轻蔑的笑容了，他只觉得，周围的声音越来越小，光线也越来越暗……

附录

凯撒生平

公元前100年，盖乌斯·尤里乌斯·凯撒出生在罗马，他的父亲和母亲都是纯粹的贵族家庭，而且很多直系亲属都担任过执政官。父亲就担任过财政官、大法官等职务，母亲来自权势很大的奥莱利·科塔家族，外祖父也担任过执政官，显赫的家世背景也注定了凯撒的从政道路。

七岁之前，凯撒按照传统，跟随母亲学习字母、数字和一些拉丁文入门知识，此外还拜师学习了演讲和辩论，以及哲学和法律的基础知识，并且开始接受军事技术方面的教育，包括阅读相关著作和参加军事训练。

七岁那年，凯撒在专门培养贵族子弟的学校学习文学、历史等知识。他脑筋灵敏，总有问不完的问题，而且博览群书，学业日益精进，文章也写得非常好，除此之外，对体育运动也由衷热爱，练就了强健的体魄。

前84年，凯撒与元老院派领袖秦纳的女儿科涅莉亚成婚，生下了女儿尤利娅，凯撒也因此得到了元老院民众派成员的支持。

前82年，元老院精英派独裁官苏拉要求凯撒离婚，凯撒选择了离开罗马。一直到前79年，旅居东方小亚细亚等地。

前78年，凯撒在苏拉去世后回到罗马，但很少关心政治，只是以辩护人的身份为自己或拥护者辩护或起诉。

前74年，凯撒继承舅舅的职位成为祭司，两年后，获得了第一个通过选举产生的低级职位——军事保民官。前70年，凯撒再次参选，顺利当选罗马官职体系中第一个正式官职——财务官。

前63年，凯撒获得祭司长和大法官两个职位，和苏拉的孙女庞培亚结婚，在罗马的权势已经开始有所增长。

前60年，凯撒被选举执政官，成了罗马共和国的最高长官。由于政治对手的阻挠，凯撒找到庞培和克拉苏，和他们组建了政治同盟，势力大增。任期结束后，总督管理山北高卢，发动了高卢战争。

战争让凯撒名声大起，加上克拉苏前53年战败身亡，同盟政治不稳。凯撒带兵返回罗马，庞培逃去意大利，征讨西班牙、希腊、埃及之后。前46年，凯撒彻底击溃庞培余党，回到罗马，开始推动各项改革。

前44年，凯撒宣布成为终生独裁官。同一年，为拯救在卡莱会战中被俘的罗马士兵，凯撒宣布远征帕提亚，这一举动加重了反凯撒一派的恐惧。3月15日，以该尤斯·卡西乌斯为首的反对派策划刺杀了凯撒。凯撒终年58岁。

凯撒年表

公元前100年，出生于罗马；

公元前84年，当选为朱庇特神祭司，与秦纳之女科涅莉亚成婚；

公元前82年，担心受到执政官苏拉的迫害，成功逃离罗马；

公元前78年，苏拉死后，凯撒回到罗马；

公元前69年，科涅莉亚去世，凯撒成为外西班牙行省的财务官；

公元前65年，当选罗马市政官；

公元前60年，第一次当选执政官，与克拉苏、庞培结盟；

公元前58年，任高卢总督；

公元前53年，克拉苏阵亡，同盟解散；

公元前52年，击败高卢联军，撰写《高卢战记》；

公元前49年，率军进入罗马，内战爆发；

公元前48年，击败庞培，第二次当选为执政官；

公元前46年，击败支持庞培的元老院残余势力，第三次当选执政官，并当选为终生大祭司，收养姐姐家的儿子屋大维为继承人；

公元前45年，击败最后的反对者后返回罗马，第四次当选执政官；

公元前44年，第五次当选执政官，成为终身独裁者；

公元前44年3月15日，被暗杀。